甦る生命の樹

大天使ラジエルからの時を超えた伝言

吉田絵梨奈＝著

太陽出版

はじめに

私はちょっとしたことがきっかけで、天使と自由に話せるようになりました。

それまでは天使という言葉は聞いたことがあっても、現実には存在しないものとしてとらえていましたが、その時以来、私は天使の存在を心から信じるようになりました。

天使は数多く存在し、それぞれの守護分野があることも徐々に理解するようになりました。その中に「ラジエル」という大天使がいます。

私が見るラジエルは物静かで感情の起伏がなく、いつも落ち着いています。また、他の天使のように、人間が困っているときにすぐその場に駆けつけるのではなく、自分が持ち合わせている叡智や機知を用いて問題の解決へと導きます。

今回、ラジエルに精神世界の事実と、自分自身の魂と肉体との結びつきを理解する基礎を徹底的に教えていただきました。

私たちは、肉体を持つ人間こそ真の存在と思いがちです。

精神世界を知りつくしていると思える人でさえ、精神世界のどこまで踏み込んでよいのか、魂とは私たちの肉体にどのような役割を示すものなのかを誰一人完全に理解している人はいないのではないでしょうか。

しかし、私はそれで十分だと思います。人間にはそれぞれ物事を理解する自分なりの指針があるので、個人のレベルに合わせて理解すればよいことと、精神世界と物質世界がどう自分の人生に影響するのかの割合は、自分で決めればよいのです。そして、私たちの肉体の滅びる時でさえ、つまり死ぬまで完璧に自分自身と精神世界を理解できる人はいません。

天使も私たちに精神世界のすべてについては教えてくれませんし、それをすべて知ることが私たちにとって重要であるとも思っていません。重要なのは膨大な知識を脳に蓄えるのではなく、数少ない知識をきちんと飲み込み消化し、それを体の外に出して、言動などで実践することです。

この本は、崇めてほしいという意味で、あるいは強制する目的で書いたものではありません。ラジエルによれば、精神世界について何の知識もない人は、まずこれだけを頭に入れて今後の人生を歩んでほしい、また成長課程において、より高い次元を目指そうとして基礎が定まっていないままさまよい、どうしてよいのかわからなくなった人たちには、怖がらないで基礎を定着させなさいという意味のメッセージだと思って読んでいただきたいのです。

今こそ、これまで精神世界に無関心だった人たちも、私たちに必要なのは個と他を切り離し、私たちはどこから来たのか、どのような時を経て、どのような課題を授かりそれを克服するための魂の思考回路をどのように築いていくのかが主に書かれていますので、まずはそこから理解するようにしてください。

これらのメッセージは自分自身が何かを信用したり、行動に移したりする前に、頭の中に入れてよく理解したうえで物事を判断していただくためにあります。「自己の自立」もしくは「自己の確立」は、私たちが基礎を達成する過程で目指すべき一つの目印です。

そして、これはあとでわかったことですが、天使は自分たちの存在に気づいてほしいということよりも、あなたたち自身についてよく知ってほしいと強く私に言います。

スピリチュアルという言葉が母国語ではないこともあって、意味がわからないまま使っている方も多いと思います。また、スピリチュアルという言葉自体が独り歩きしてしまい、「魂」や「精神世界」という言葉を少しでも口に出すとそれだけで何もかも知っているような気になってしまうところが非常に残念です。天使によれば、それは人間である私たちが知らなければならないことではないそうです。

ですから、この本もスピリチュアル本の一部として位置づけることはやめてください。

私たちは精神世界の知識の達人になることを求められているのではなく、精神世界から来る魂と現在持っている肉体のバランスを考えて、そのうえでこの物質世界でどのように考え、行動するかが一番重要だと思います。

たとえ天使により、精神世界を知りつくしたとしても、それはまったく無意味なことであり、自分というものの魂を超越してしまっているのです。

魂の存在を信じ、試行錯誤している方の中に、疑問を感じていらっしゃる方がいるとすれば、それは基礎となる部分が理解できていないので、うまく自分の中に消化できていないからではないでしょうか。

たとえばよく見かける例として、やはり基礎がなっていないせいで即座に応用を求めたがり、もはや自分とはいえないおかしな言動をしている方が少なくありません。

応用は一見、簡単に見えるかもしれませんし、私の個人的理解としては、応用だと思われる精神世界的理解の方がすんなり入っていける気がするのです。しかし、文字通り応用は応用で、基礎の上に成り立つものです。基礎が定着していなければ、応用しようとしてもあたふたとさまようのは当然のことです。

しょせんは良くも悪くもすべて自分自身が問題であり、自分自身を確立し、自分が正しいと思っていることはこうであると思うなら、それに従って生きることが基本です。他人の意見に左右されているようでは基礎が確立しているとはいえません。

まずは基礎を定着し、問題といえることが自分に起こったり、降りかかってもそれを自分なりの信念に従って解決、あるいは解決できなくても最後まで自分の信念に従うことがだいじです。

私たちが物事を考える根本は一つに過ぎません。それは魂に従い自分を確立することです。他人よりもまずは自分を見極めることです。

私たちは精神世界からやってきて、荷物のように「課題を全うするための学び」というものを必ず持っています。そしてその学びによって過去から現在、未来にかけて問題を解決することにほかなりません。この解決も一人一人その方法や影響を受ける物事や人間は異なります。ですから、個人個人が肉体でもなく脳でもない、本来の自分自身である魂に向き合い、自分の魂をスピリット（司令塔）として肉体を動かし、脳での考え方を必要な時にある程度制御できるようでなければなりません。

『旧約聖書』の時代、ラジエルは、『大天使ラジエルの書』という書物を執筆したことがありますが、どこかに消えてしまいました。今、違う形で現代人のために、それはよみがえりました。私はラジエルからこのメッセージをいただく際に、これを本としてしたためるように言われました。

以上のような意味で、この本には私たち人間の魂に必要な事柄と現状を打開する鍵が詰め込まれています。この本を通して、自分の魂と向き合うための準備をし、基礎を確立してください。これにより、私たちの魂の一部がずっと存在していた精神世界への回帰が可能であると信じております。

吉田絵梨奈

二〇一一年五月吉日

目次

第2章 魂との関わり方 50

第8章 物質世界と精神世界の正しい理解 136

第9章　人間　159

第10章 内なる眼 184

第11章 自然 199

第12章　子ども　210

序章

大天使ミカエルより

ラジエル様にきちんと教えていただかなければならないことがあります。

それは深い精神世界の意義、それにあなたたち人間が精神世界から物質世界に下り、やがて精神世界に戻ってくることについてです。

あなたたちはいったい何者なのか、どこから来て、何をするために物質世界に下りたのか、そもそも物質世界と精神世界との違いは何か、それらは自己にどういう影響を与えるのかをきちんとした形で、私たちは人間に伝える必要があります。

精神世界は甘い世界ではありません。人間は困ったときのよりどころとして、優しい言葉をかけてくれる安らぎの場所と考えているようですが、それは違います。

自分は何者であるのかを認識しなければなりません。

物質世界のはかなさ、この世界ならではのこと、自己のいろいろな悩み、未来の道を切りひらく方法をラジエル様から教えていただくべきです。


これは正しい、正しくない。信じる、信じないという低次元の話ではありません。また、一つの固執した考えを強制しているわけでもありません。すべては真実なのです。

自己を知り得る者は己自身のみです。それを勘違いして自分の人生を他人に委ねれば、けっきょく、すべてを失い振り出しに戻ります。


ラジエル様は、大天使の中でも最も神に近い存在です。ラジエル様の発する光や波動はとても優しいので、注意していなければ気づかないかもしれません。

それは決して力が弱いのではなく、あなたたち一人一人の行動、喜びも悲しみも、失敗したこともすべてを優しく見守ってくれるからです。

また、ラジエル様は宇宙の神秘、精神世界での魂について教えてくれたり、物質世界に下りたあなたたち、精神世界に戻ってきたあなたたちをつなげる役目を果たしています。

ある時には、自己の道を外れたあなたたちに修正を加えたり、魂の状態である本来の姿に従ったあなたたちを救うのです。

物質世界での習慣や活動に至るすべての事柄は、あなたたち一人一人が異なります。しかし、「学ぶ」という広い過程では、みな共通しています。絶対にやめたり、避けたりすることのできないものです。

私たちは、あなたたちが今もこれからも、信用する人や物事を否定しません。自己の考え方を曲げてでも、こちらの考え方が正しいと強要するような次元の低い話はしません。精神世界にも物質世界にも、いろいろな考え方があります。しかし、これらの考え方の根の部分では全員変わらないということをぜひお話ししたいのです。

あなたたちは一つの世界から来て、一つ一つ異なる魂が存在し、それが肉体をつくり、やがて学びを経て、皆もとの世界に戻ります。その中で自己に植えつけられている、自分に対しての善悪の判断、物事の是非、どうすれば自分にとって最も幸せな生き方ができるのかを自分で見つけることができます。

何度も申し上げるように、このような考え方をすれば、みな幸せになれると言っているのではなく、おのおの考え方も幸せの基準も違うのですから、他人の言動をまねても結論は見えません。

それよりも、どのようにして自己と向き合えば、自分にとって納得のいく考えや未来の道が切りひらけるのかをラジエル様の教えで実践するのです。

またこの教えで、皆が幻やまやかしを信じたり、他人の意見に左右されるのではなく、本当の自己を見つけることができると思いますし、私たちはいつもこのようなことを望みながら、皆さんのお手伝いをしているのです。

大天使ラジエルより

私の名前を初めて目にする方が多いのではないでしょうか。

私はラジエルです。

本書によって自分はどこから来たのか、自分は何者なのか、肉体と思考の関係はどうなっているのかなど、皆さんの課題を達成するお手伝いができればと思います。

確かに私は、あなたたちが解明できない宇宙の神秘から精神世界の奥義まで、あらゆることを説明しようと思えばできるのです。

しかし、今、このような知識は必要でしょうか？

変に難しい言葉を使い、あなたたちが「わかっていないと恥ずかしい」といううわべの理解だけで通り過ぎていくことが、私は一番怖いのです。ですから、物質世界で起こる現象なども交えて、できるだけすべての人が理解しやすいようにお話しします。


まず、あなたたちは、自分のこともよくわからないまま、精神世界の意義や見えない世界のことについて、なぜ理解を深めようと思うのでしょうか？

これは浅はかであり、自己を見捨てていると言わざるを得ません。自分以外の人間やこの世界の出来事に関して理解しようとする前に、自分自身を知り、自分自身の人生の歩み方を模索するのです。

そうしなければ、いくら自分を完璧な人間と考えて、精神世界を理解しようと頑張っても、まったく無駄なのです。なぜなら、基礎をわかっていない。つまり、精神世界から来た自己の魂を理解していないからです。

それに、どれだけ長生きしても、人間が物質世界のすべてを理解することはできません。

自己の魂以外に理解できることは、その状況が自己や他者の魂の課題を達成するための気づきやヒントになる事柄だけです。

たとえば異常に他人が気になったり、間違った精神世界の意味に触れたり、自分のすべてを知ったかのような気分になったり、すでに自分は他人よりも物質世界の地位が高いなどと勘違いしたりする人が増えています。

それは精神世界の正しい理解と認識ができていないためですが、いくらこちらの世界のことを勉強し、たとえ知ることはもう何もないと思ったとしても、あなたたちが物質世界に下りた短時間の間に学べることなどは、はっきり言うと非常に限られていますし、死ぬまでにすべてを学ぶことはできないのです。

また、あなたたちの理解の範囲では、この世のすべてを理解することはできません。それに、この世のことのすべては、わからなくてもよいのです。自分が精神世界的観点において無知であることを認めるとともに、自分に与えられた「知る範囲」や「自分の魂が持っている力」を探さなければいけません。

次に教えたいことは、私たちの願いでもありますが、「自己の自立」です。でも、勘違いしないでください。これは誰にも頼らないで一人で暮らし、個人個人が物質世界においても自分の望む勝手な行動をとってよいという意味ではありません。

問題は他人と自分の関わりをいかにつないでいき、ある時は断ち切って自己の信念を貫くのかということです。

もう一つの意味は、精神世界、スピリチュアルな考えに依存しすぎないことです。スピリチュアルな考えは決してあなたたちが依存すべきものでも優しい言葉で甘い考えを誘発するものでもないのです。

なぜなら、あなたたちは、こちらの精神世界から来ているのですから、依存するというのではなく、すでに魂へ刻まれているのが事実だからです。ただこの考え方を、ほぼすべての人間が見えない場所に隠してしまっているだけなのです。

未来が見据えられ、自己が満足を得られる過程はここにある、こうした行動にあると確信している方は、無理にスピリチュアルの教えを媒介としたワークショップや講演会に参加する必要はないのです。

ただ私の話を読み、それぞれが自己（自分の状況）に当てはめて、自分で考え、行動させること。これがスピリチュアルな考えの基礎であり、教えでもあります。一つの物事に対して強制することは、教えとはいえません。

日本の皆さんへ

私は国や人種を分けることは好きではありませんし、それが正しいとも思っていません。しかし、広く国というものを見ると、その国独自の文化や歴史があるように、その国民の一人としてつくられたのも、決して意味がないとはいえません。一人一人がその国の発展に必要だからです。

それはあなたたちの家族構成とよく似ています。家族はそれぞれの与えられた課題を達成しやすいようにグループになっています。これは課題が似ているからではありません。これは家族という単位で協力して同じ課題に向かっていくということです。

日本という国には自分たちの文化をつくり出す使命と可能性があります。そのためにはある程度、個というものを確立しなければいけません。

天界の私たちは、日本が孤立して存続できる国であると見込んでいます。

しかし、現在の日本人はあらゆるものを諸外国からの輸入に頼っているのではないでしょうか。特産物や資源に関しては生産国が限られているなどの問題もあり、ある程度は仕方がないでしょう。何より諸外国との交流により文化の発展や学べる機会がある点は良いことです。

私が気になるのは、考え方や行動の輸入です。

それぞれの国の文化を取り入れることは歴史を通じて行われてきたことで一概に悪いとは言いません。それでも、日本人はあくまで日本人なのです。

たとえば、アメリカの制度やアメリカ人の考え方を何の手も加えずに日本の国内に広めても、あなたたちはアメリカ人とは違うのですからそのまま受け入れてもうまくいかないことが起ります。

アメリカ人はある程度、それぞれが個と他を切り離し、完璧ではないにしろ、自分の信念に基づく考え方を確立しています。

日本がいまひとつ発展していかない一番の理由は、個というものを確立できないことが原因です。このような状態で国の発展や環境問題を考えるなどおかしな話です。

自分を確立できない、何をしたいのかもわからない人間が自分以外のことを本気で考え、目を向けられるわけがありません。

自分たちの文化を自らの手でつくり上げてください。

日本は小さな島国ですが人材の層は非常に厚いですし、天界では日本の国としての発展を見込んでいます。ですから、外国の人や文化全般、物事の考え方から行動の仕方までを安易に受け入れたり、まねをしたりするのではなく、一人一人が自国の中で議論を交わし、日本を人間の魂の面から発展する国にしてください。さらにあらゆる技術の発展と、言葉通り諸外国と対等な関係を築いてほしいと思います。

本書がその道案内となることを願います。

第1章　魂とは何か？

魂は神から「大きな課題」を与えられる

魂とは簡単にいえば、人間の肉体から脳や臓器などを除いたものであり、本来の自分の姿といえます。

魂は、自然によりまずつくられます。

この意味は、あなたたちが生まれる前からその場所にある空気、水、火、森などの物質そのものというよりは、これらのエネルギーを吸収して組み合わさったものがあなたたちの魂の原形です。

この時の魂には、まだそれぞれの区別がなくみな同じです。

そこに、神によってそれぞれの魂が異なる課題を与えられます。

神はまずはじめに、その魂が最終的に達成すべきである大きな課題を魂の中に植えつけます。

これはあとで説明しますが、あなたたちが長い年月をかけ神格化した際に「マスター」

という存在になります。マスターは一人一人が異なる大きな課題を達成することによって得た経験、あるいは物事の考え方から、今度は物質世界に下りた魂を助けます。マスターは何でもできる完璧な存在ではなく、生きている時代におのおのの魂の課題を達成した事柄に対してのみ当てはまるものです。その意味では天界の住人たちとはまた一つ違う存在です。

この大きな課題とは決して揺るぎのないもので神も変更することはできませんし、あなたたちの立場からいえば、同じ魂は一つもないということになります。唯一無二のものです。

この内面の魂が違う点から、同じ人間は二人といないということになります。

実際に行動や容姿が似ている人がいるかもしれませんが、それはあくまでも目に見える大きな似通った部分であり、詳細にその人間を見れば、まったく同じ人間など一人もいないのです。

大きな課題は神のみの知るところで、あなたたちがいま意識するものではありません。それに意識を向けるよりも、その大きな課題を全うするための小さな課題を達成することに専念してください。

わかりやすくいえば、料理の過程としてたとえることができます。

たとえばハンバーグを作るとします。その時、料理の最終目標であるハンバーグが魂の大きな課題につながります。そしてハンバーグを作る過程には、出来上がるまでの細かい過程がさらにあります。お肉をこねるとか、ここで玉ねぎを入れるなどがそうです。

この最終目標にたどり着くための小さな過程が、あなたたちがいま物質世界で行っている経験や学びになります。

与えられた小さな過程は何も順番に添うことはありません。自分で選ぶことができます。その結果、おいしくないハンバーグになることもありますし、一方共通する手順に従わない作り方でもさらにおいしいハンバーグができることもあるのです。

魂は胸の近くにある

「学ぶために生きている」という言葉がありますが、確かに正しいです。しかし、精神世界から見ると、少し意味が違ってきます。

なぜ学んでいるのかは神から一番はじめに与えられた大きな課題を達成するために学ばせてもらっているのであり、同様にいま行っているあなたたちの活動は、長いスパンで見た魂の人生のほんの一部に過ぎないのです。

おのおのの魂は胸の近くにあります。感動、寂しさ、懐かしさを頭ではなく胸で感じているのです。ふとした時に、胸の付近が締め付けられる感じがするのはその部分に魂があるからです。

あなた自身の魂が現在の行動や言葉、考え方に共感しているからです。胸で感じたことは魂が共感していると思ってください。これは自分から発せられる発言も他人から発せられる発言や行動も同じことです。

「肉体のあなたたちが真の存在ではなく、魂自身があなたたちである」とはこういった事柄の上に成り立ちます。

あなたたちの肉体自体が生まれ変わりを繰り返しているわけではありません。本来の自分自身であり、過去から現在、そして未来において自分といえるものは魂のみなのです。

魂と肉体の関係

では、魂と肉体の関係はどうなのか？

魂と肉体について考えるとき、たとえとしてロボットを思い出してほしいのです。

ロボットは皆さんもよく知っている通り、電池によって動きます。私はロボットとしてたとえますが、皆さんは自分の理解しやすいように解釈するために何を想像してもかまいません。

ロボットがあなたの肉体で、電池が魂、リモコンがついていればそれは脳ということにしておきましょう。

あなたの肉体も同様に、肉体の中に電池という魂が入っていると考えてください。ロボットと同じようにこの電池、つまり魂がなければあなたたちの体は肉体として成り立たず、起動もできません。

ロボットは、いくらリモコンを押し続けても電池がなければ動きませんね。これとほぼ似ています。

人間の場合、魂が肉体に入らなければ、脳で考えることすらできません。

つまり魂という自分自身がいなければあなたの肉体を動かすことはできないのです。

そして、自分の魂が入った肉体が今のあなたになるのです。

この因果関係をきちんと整理してください。私たちの肉体があるから魂があるのではなく、魂が入ることによって初めて自分という肉体を持つのです。

魂のことに関しても、これからお話しする他のテーマに関しても、決して難しい言葉は使いませんから、必ずこれらを基礎として消化してください。

自分を知る努力がだいじ

今のあなたたちに、魂が精神世界から送り込まれているものであるということ以外に知らなければいけない事柄はありません。精神世界を論じている本には「高次元のエネルギー」「ハイヤーセルフ」「幾何学模様」という言葉がよく使われていますが、あなたたちがそのような言葉を好んで使い、知ったかぶりをしてもまったくの無意味です。

まず、自分を知る努力をしてください。これらの精神世界の書物の影響からか、自分自身が理解できる範囲を飛び越え、難しいことイコールすばらしいことと位置づける傾向はよくありません。

そして自分の行動に対して、たいして深く考えず、うわべの理解だけで、自分は精神世界を学んだのだろうと勝手な解釈をしていることも浅はかであると言わざるを得ません。

私はこれからあらゆるテーマについて基本となる魂の考え方や、おのおのの魂に向き合うためにはどうしたらよいのかということについて、私の知る一部として皆さんにとって重要だと思えることを話していきます。でもこの本を読んでも皆に共通の答えは出ません。「答え」というものは私が出すものではなく、この本をばねにしてあなたたちが導き出すものです。

もちろん私と直接話すか、媒介する人物を使ってもそれぞれの人間の課題すべてと、それを達成するためには何をしたらよいかということも全部は教えられません。あなた自身で気づき、試行錯誤し、努力し、解決してください。

私は、人間は魂が違えば肉体のあり方も違うと思っています。ですから、あなたたちを何通りかにグループ分けしたり、こうすれば幸せを築ける、こうしたら子どもがよく育つなどとはいっさい言いません。

また、あなたたち一人一人の価値観や考え方、理解の仕方についても魂が違えばそこに差が現れます。ですから何が正しい、正しくないという善悪に関する答えも安易には出せません。

それぞれが自分の魂にとって何が正しいのか正しくないのかを判断してください。他人や物質に投影された自分を育むのではなく、自分自身である魂に直接目を向けてください。

魂には年齢がある

話がだいぶそれましたが、精神世界での魂のあり方とこの物質世界を結ぶ道のりについてお話しします。

精神世界では、すべての魂が孤立していて、自らの成長だけを強く望みます。魂だけの状態に物質世界での家族構成や友情関係が刻まれることはありません。また、あなたたちが考えている世間体、妬みなどの雑念などもいっさいなく、それは唯一無二の存在として、優劣をつけずに存在しているものなのです。

魂自体に確かに差はあります。でも、あなたたちの考えているような差別ではなく、あくまでも差です。

魂に刻まれている、またはその内部に入っているものは、他人への感情ではなく、自分の言動において、または課題に直結する経験において何を感じ、学びとったのかという最も重要な部分が含まれています。

また、この魂には年齢のようなものがあります。

何千年も前から肉体を持つ機会を与えられ、成長してきた魂もあれば、ごく最近つくられ、まだ肉体を持ったことが一度しかない魂も存在します。ここで差ができます。「差」といっても、わかりやすくいえば学校の学年と一緒で、学年が違う者同士が「生まれた年代」を理由に対抗できないのと同様です。

そして、この魂年齢こそあなたたちの本来の年齢であり、物質世界でどれだけ幼く、また卑下される対象にある者でも、精神世界では、この魂の年齢によりすべては判断されるのです。物質世界でもそれが垣間見えることがあるのではないでしょうか？

では、物質世界で重視されている実際の年齢とは何なのでしょうか？　それは、「何年この世界にいます」「物質世界に下りてきてから何年になります」という経歴に過ぎません。たとえば、年齢が高くなるのに比例して脳もそれなりに物事を覚えます。ですから、物質世界で生きる術は十分身につきますから、自分よりも年齢が下の者に対して、自らの過去の時代のことなど、いろいろ教えることができるでしょう。

しかし、それがイコール魂年齢が上だということには必ずしもつながりません。肉体年齢がいくら高くなろうとも、失敗はしますし、後悔もします。完全なる人間とはいえません。あなたたちが完全になる時は魂が最終課題を達成したときのみです。

また、死ぬまで自らの魂の課題に取り組み一つでも解決しようと必死でヒントを探そうと、魂に忠実な人間であれば思い続けるのです。

学びとヒントになる事柄は魂へ直結する

物質世界でしか通用しない要領のよさと魂に込められた課題を達成する術はまったく別物です。それを過信し学ばなくなれば、けっきょくは魂が今のレベルのままであり、課題を何一つとして達成できなかったことになります。誰もが失敗と後悔を繰り返します。それでいいのです。そしてそれが当然のことなのです。

課題、課題と言っていますが、何もあなたたちの現状とかけ離れたことをやりなさいと言っているのではありません。それぞれの日々の生活の中で行動すること、特に私が重要だと思うのは何事もそうですが、行きつく先までの過程や、それに対する考え方です。すべては何をどう感じたかが物を言います。結果が問題ではありません。

確かに結果は目に見える成功や失敗を判断する材料になるでしょう。しかし、それだけで物事の是非や、先の未来が決まるわけではありません。一つ扉を開けばそこには少なくとも二つの選択肢があり、考えようによっては数限りない人生を選ぶことができます。

自分が選んだ人生は、必ずあなたに何らかの気づきをもたらします。あの時違う道を選んでおけばよかったと思うことがあっても、たどる道筋や抱く感情は違ってくるかもしれませんが、結果に違いはありません。

たとえばある事柄に対して、今まではこの角度からしか見ていなかったけれども、違った角度から見れば、また違う側面も見えた。そういう時に「違う角度で見るんだな」ではなく、なぜ違う角度で見てみようと思ったのか、そして違う角度で見ている自分の感情を認識できるかどうかがたいせつです。これは、あなたたちが思っているよりずっと早く、一瞬の間です。それを見逃さないでください。

無意識の中での学び

話は戻りますが、高齢になっても肉体年齢相応には見えず、言動に幼さが残る人もいれば、肉体年齢がまだ幼くても、魂年齢が高い人間は存在します。誰が誰に対して学ぶのか、教えてもらうのか、または教えるのかは肉体年齢という経歴だけでは判断できません。

可能性として肉体年齢が高ければ物質世界においてできる範囲は広がります。しかし、肉体年齢の幼い者が、教えなければ何もできないとは思わないでください。

言わないだけ、行動しないだけで、肉体年齢が高い人より多くを知っている可能性もないとはいえないのです。

こういった学びと、そのヒントになる事柄は、ほぼすべてが魂へ直結します。

このことに関してですが、先ほども言ったように、過程や考え方をだいじにすることは必ず魂へ直結し、無意識のうちに魂の中で考え抜かれて、必要な人間関係を呼び寄せることもあります。

無意識のうちに人間は学んではいます。でも、自分自身でもっと「気づく」とこれから歩む道において自分に必要な環境を選ぶこともできるのです。

魂の最終課題はだいじです。それは変えられません。

しかし、今あなたたちに与えられている小さな課題へ行きつく方法は決まっていません。

あらゆる道があります。課題を達成しなければいけないという観点では大きな課題達成と同じですが、いろいろ自分で選んで経験することも可能であるということを言っておきます。

人間は、ただ生きていれば何でもでき、人の感情もわかるようにはできていません。自分で開拓することを許されている範囲をよく理解し、それに対する深い考えを持つようにならなければいけません。

魂ですべてを判断するようになる

もう一つだいじなことがあります。

魂が関係している事柄は頭を使いません。理解できますか？　頭が働かなくても、すべてを魂だけで判断するようになれるのです。頭、これは脳のことですが、脳であれこれ考えたり、ずるい計算を施すことは、人間関係にしても、自らの行動にしても魂とは関係ありません。

ようするに、脳で考えたことは、神から与えられた使命ではないということです。これを理解していれば、生きていくうえでの判断材料となるのではないかと思います。

最もわかりやすいたとえは恋愛です。先ほどからたとえ話を用いていますが、あくまでも例に過ぎません。これがすべてということはありませんし、こう考えろと言っているわけでもありません。

好きな人を振り向かせたいという気持ちは、それが自分勝手であれ何であれ、誰でも意識できる気持ではないかと思います。しかし、「振り向かせたい」「こういった関係を持続させるためにはどうするか」ということを頭を使って考えても、何の解決にもなりません。心底その人を信頼し、自分や相手が必要としているならば、魂が解決してくれます。

胸で相手を感じるようになり、胸で相手に真摯な気持ちを向けるのです。もちろん胸は考えませんので、あなたの本心であるなら、その気持ちを魂で感じるはずです。

物質世界にあるもの、自らと関わるすべての人間、自らのすべての行動が魂と関わりがあるのかといえば、そうではありません。魂まで直接関わっていない、つまりあなたたちの脳だけの快楽による欲求を満たす行動をとることや脳だけの考えにそった人間関係をつくり出すこともたくさんあります。

物質世界で学ぶことの重要性

しかし、魂に関係ないことがまったく無意味なのではありません。何でもかんでも精神世界に関係があり、魂、つまり自分自身に意味のあることではないということです。

魂を持続し、課題を継続させるための、簡単にいえば気分転換も含まれることがあります。これが人間として肉体を持って生きるという楽しさですが、一方でこれにはまり過ぎ、自己の課題どころか自分を見失う人もいるのです。

人間に手足がついていろいろなところに行ける機能があるのは、今いる場所を超えて学ぶべきことを探索するためです。もちろん中にはその機能が備わっていない人もいるでしょう。この人が人間として終わりなのかといえばそうではない。魂が肉体の人間に経験させる事柄には限りがあります。

脳の発達により、肉体が魂以外のために用いられることも当然あります。何かを食べたり、持ったりするだけではなく、魂を自らの肉体の中に入れて持ち運び、いたる土地で魂を解放する。または魂を使って学ぶ、魂のままに生きるということですね。それが可能なのです。

人生の旅は旅行と解釈されてもいいのですが、旅行には体を使って行きますよね。そして、その旅行先で何かを得る。あなたたちの場合はおいしいものを食べるとか、それぞれの土地でしかできないことをするなどでもかまいません。そして、お土産を持って帰る。他人にではなくとも自分にでもかまいませんし、お土産話でもかまいません。何らかを連れて帰ってくるのです。

旅行をするには肉体が必要であると同時に、脳はお土産に近い存在ではないでしょうか？　脳（お土産）の思考は絶対に必要なものではありませんが、お楽しみとして何かを持って自分の家に帰ります。最終的には自分の家である精神世界に戻るということです。いろいろなところに行ったり、多くの人に会ったり、学んだりすることにより、脳の中にはさまざまな情報が蓄積されます。これらが「お土産」なのです。

魂の旅の目的

旅行の目的は各土地に行き、あらゆる体験をすることです。物質世界に下り、学ぶことは、魂に刻まれている目的の通りにしなければいけません。

魂の目的は、物質世界の旅と同様に予定が狂い計画を完璧に実行できなくなることもあります。魂も旅行の計画と同じく全部の課題を達成できるかは決まっていません。物質世界に下り、それができるかどうかはあなた自身の選択によるのです。そして、その達成方法も決まってはいないのです。だから目指すべきゴールは変わらなくとも、そこまでの道は近道であれ、遠回りであれ、自分で選べることが多いのです。

先ほども言ったように、脳を使って行動することはお土産にしか過ぎないのです。魂にお土産という思い出が与えられても、旅自体に影響を与えることはありません。

この意味について説明します。物質世界で脳だけを使い行動したり、考えたりしたことは必ずしも魂に直接働きかけるほど重要ではないかもしれません。脳の考えは、魂から発せられる道筋を邪魔することはできないのです。

魂は崇高です。どんな失敗も、自分自身の中で間違ったと思われる考えもそれを上手く組み合わせ、その場に応じてあなたたちに正す機会を与えてくれます。ですから、羽目を外すことで魂がぼろぼろになることはありません。でも、魂がなぜ存在しているのかを理解しておけば、魂の存在を気づかないほどに自己を見失うことはないでしょう。

魂だけのあなたたちは十分尊敬できる存在です。魂が追い付けないほど自分を物質世界の超越したところまで持っていき、けっきょく何をしたらよいのかわからない空虚感を自分でつくり出すことはやめてください。

己を知りなさい

魂の描く最も課題を達成しやすい環境を直視することがだいじです。それが物質世界で華やかであるとはいえなくても、それを直視し、従わなければ、自分がその状況に対する苦しさをあらゆる痛みを受けて認めざるを得なくなります。

その前に、己（魂）を知ってください。

魂は非常に神秘的な存在です。魂は自分自身であり、神のもとにあなたたちは動かされています。魂が何のために存在するのかというと、いずれは神のもとで神格化するためにあります。

あなたたち自身の肉体の延長上にあるわけではありません。

神格化というのは、現在神と呼ばれている人たちとは違います。私たち天使の世界でいえば、大天使の下にも複数の天使がいます。たとえば森を守っている天使、家々を守る天使などたくさんいます。それと同じように今度はあなたたちがマスターになった際、最終目標と掲げられた課題に達した経験をもとに、物質世界に下りた人間のお手伝いをするのです。

ある種の力。あなただけにしかない力を使って、今度は人びとを導く立場に身を置くのです。あなただけにしかない力についてもう少し説明します。魂はそれぞれ孤立していて、なおかつ与えられる課題が似通った点はあっても、必ず一致する同じものを課題として与えられることは絶対にありません。

ですから、克服してしまえば、唯一無二であなたしかその解決はできません。また、あなたしかその解決方法を知らないということになるのです。肉体を持つことで、魂の課題としていろいろなことを行っていき、誰かの課題の助けとなるヒントを与えたり、導いたりするようになるのです。

特殊な力

「特殊な力」は誰でも一つは必ず持っています。

特殊な力とは、自分自身の魂に与えられた課題を達成した経験、努力のことです。見えないものですが、あなたたち自身が感じ取れない力ではありません。

魂と肉体を切り離さないで、本来の自分が肉体という着ぐるみを着ていることを想像し、自分自身の魂をたいせつにしてください。

私たちが生まれた自然に挨拶をし、先人がつくり出したものを見て時代を感じたり、何かの本により学んだりすることも、魂へ働きかける一つのきっかけとなります。

ただし、あくまでもきっかけに過ぎません。言い過ぎととらえられるかもしれませんが、あなたたちと同じ人間が何かものを言ったり、書いたりしたところで本当に魂へ影響を受ける人間はごくわずかなのです。

本を読むのは娯楽という意味で結構なことですが、それを鵜呑みにしたり、書いてある通りに行動したりしようとは夢にも思わないでください。

本は、その人間が書いたこと、つまりその人間にしかできないこと、その人間の解釈の仕方を述べているだけに過ぎません。著者にとってはそれが良い方法なのでしょうし、その人自身の物事の価値観が本になったのでしょう。しかし、それはまねをするべきものではありません。

また、必ずしも手足を使い四方八方に出向く必要はないのです。そして魂から発する光はあなたの肉体を通じて冒険をし、その中で選ばれた事柄、感情を刻むのです。これは、生まれ変わっても忘れることのない永遠のものとなります。今の魂も、何百年、何千年前からの魂と同じです。

魂はその間にいろいろな肉体を持ち学びました。備わった環境の範囲は誰しも小さく、一つの肉体が一生を終えるまでの期間は思っているよりも非常に長いものであり、十分学べるものです。未来において肉体は変わっても、魂が変わるということはあり得ません。自分自身に目を向け、自分自身を育んでください。

第2章　魂との関わり方

肉体と魂を自己の中に入れて理解する

ここでは魂とどのように関わっていけばよいのかをお話しします。

これは非常に難しいことです。それは、あなたたちの大部分の傾向として、一つの事柄にしか意識を向けることができないからです。

まずは物質世界の出来事と精神世界の一部分である魂の双方に目を向けることを意識してください。この意味は一方だけを意識するのではなく、必要な時には両方の考え方を持って決断してくださいということです。「必要な時」については随時、お話ししていきます。

あなたたちにここで「魂を意識しなさい」と言うと魂の部分しか意識せず、物質世界で起こる出来事と精神世界の一部である魂が見せる温和な部分との差についていけません。

私はあなたたちが自分を意識した時、つまり精神世界を意識した時、ふっと軽い気持ちになることを知っています。

ところが、そこでやめてしまい、そのまま漂ってしまうのです。

そうではなく、そのふわっとした部分から我慢して、さらに奥に突き進まなければ本当の自分までたどり着けません。また、魂と関わりを持ったとはいえません。皆そこでやめてしまうから精神世界やスピリチュアルな思考を勘違いするのです。

一方で物質世界の行動がだいじであるというとします。そうすればたいていの人間が今の自分に満足し、学ばなくなるどころか、自らで避けることができるはずの悩みの解決すらできなくなります。

そして、それがいま以上に自分を苦しめる羽目になるのです。魂と関わる話をすることは私自身も非常に難しいと考えています。これは、それぞれの魂が違うという話を前提に進めているので、そうなればさらに言葉で表現するのは難しくなります。

ただ、ここで今からいろいろな例を取り上げて、自己の魂、つまり本来の自分と普段の生活からどう関わっていくのかを示す前にこれだけは言っておかなければいけません。「魂との関わり合い方は個人の自由であるが、必ず物質世界の肉体と精神世界から来た魂の両方を常に意識しておく」ということです。

魂の存在を意識しないでいる危険性

ですから、物事が差し迫ってきたうえで、その状況を打破するためには、物質世界の考え方と自らの魂の揺るぎない信念とで解決するために必要な割合を自分で決めてほしいのです。

普段から目の前に起こり続けるすべての事柄について私の言うように、思うように考えなさい、とは言いません。しかし、特に何か重要な選択を差し迫られた時は魂の意見に従うことが先決です。ですが、魂というものを普段から知らない、あるいは魂の存在を意識できない人間は、他者のつくり上げた都合の良い意見に従い、その者たちの操り人形になるしかないのです。

これを避けるためには魂と関わることが必要です。魂自体は本来の自分でありますが、肉体、特に脳を持ったあなたたちは非常に浅はかではありますが、自分で考えることができるのです。

魂と関わりたいと思うなら、自分自身をまずは強く信じることです。強く信じるというのは、個体である自分自身を意識するということです。

魂にはそれぞれ他人や、物事を自分の理解しやすいように位置付けることができるカードがあります。こうした魂から発せられるカードの示す事柄を尊重することにより、どんな時にでも自分の信念を変えないことがだいじです。どんな意見に対してもそれは同じです。

また、自分の魂の思う方向に進まなければ、自分がどうなってしまうのかという危機感が薄いともいえます。

一つでも魂の信念に反することがあったとしたら、魂は何度もあなたに「意見を変えなさい」という問いかけをします。

どれだけ自分に忠実でいられるか

素直さや純粋さは、物質世界の汚い部分を知らずに、容姿や言葉遣いが良く品行方正であり、物質世界で良いと認められている行動に従うことではありません。

真意は、どれだけ自分に忠実でいられるか。その意味は自分の魂が正しいと思う方向に、どれだけ自分の肉体とさらには脳を捧げられるかということです。

明らかに誰の目から見ても絶対に間違っていると思われる行動をとる者がいたとしても、私の意見は変わりません。

間違っていると思われる行動をとる人間、他人に迷惑をかける人間、もしくは嫌悪感を抱かせる人間が存在する意味は必ずあります。

一つはその者の学びであり、もう一つは神によりこうした役目を負わせられたととらえることができます。

同様に、あなたたち一人一人の行動が誰かのヒント、もしくは考えさせられる引き金になって相互に作用していくことがあるのです。

自分の魂だけと関わり、自分の魂の意見や課題はつかめても、問題を解決するための行動はやはり他者の言動が引き金になる場合があります。

もちろん引き金は他者の言動や物質から発せられる問いかけですが、どう解釈し、行動に移すのかは自分自身が決めることです。

また、以上のように問題のある行動を起こす者は、物質世界全体に人間全体の課題として考えさせる足跡を残します。

自分の「内なる声」に聞いてみる

魂との関わりをまったく持とうとしない人間は、素直とはいえません。もう一度言いますが、私たち天使の位置付ける純粋、素直、ひたむきとは、他の人間から見てどんなことを言われようと、自分の魂が示す道に従える人間のことです。

よく、人を嫌うことはいけないことだと言います。しかし、人を嫌うことの何が悪いのでしょうか？

嫌いなのだから仕方がないと思います。それと同時に、この人間を自分は受け付けないという信念を持ってほしいのです。

物質世界の嫉妬や憎悪などの感情を理由に相手に対して行動を起こすことは感心できるものではありません。

また、魂の考えから離れて他者の魂に迷惑をかける人間は、課題を達成する過程で、二度と他人の魂の邪魔をしないように物質世界での課題とは別にいろいろ学ぶことが多くなります。つまり、時間を無駄に使い、遠回りすることになります。

仲良くしておけばおこぼれにありつけるとか、嫌いな人間の良いところを探してあげることが人の道などと、勝手に魂の信念以外のところで結論づけておかしな行動をとったりしないように。

このような人間も偽善であるというよりは、自分自身に忠実に生きられない人間です。魂と関わることは手探りなので、他者に教えるのは不可能です。

しかし、手探りでも違う方向から見ればずっと楽です。この方法といえるような正解がないのなら、まず目につくものに対して自分の「内なる声」に聞いてみたらよいのではないでしょうか?

自分が正しいと思う意志を貫く

内なる声を聞くことを深く突き進めていけば、必ず答えが現れます。自分が自分に問うているのですから当然です。

これを神からの助言や私たちのような目に見えない存在からの意見ととらえてしまう人もいるようですが、紛れもないあなたの魂が発したあなたへのささやきです。

これに関しては意識しなくても、自分自身がこうしたいと考えていることがあげられます。しかし、考えていることが思い通りにいくことは少ないでしょう。ただ、思考という点で、自分が正しいと思う意志を貫けるかがだいじです。物質世界はあなたの意志に反した障害が多いのです。

でも誰かの有利に働いているのではなく、みな平等に、意志を貫けないもやもやを抱えています。お互いの意見は決して交わることはないでしょう。たとえ賛同できない意見を聞き入れなければいけない時でも、自暴自棄にならず、自分の魂と向き合い、その事柄のあなた自身が答えだと思っていることをいつも心に強く持つことがだいじです。

一つの組織が人を動かしているのではなく、あなたたちのつたない考えが人間を動かしているのです。流れにそって動き、どんどん流されるのか、それとも自分の意思をもったまま流されているふりをするのかは自分次第でどうにでもなることです。

自分のまわりで起こるすべての事柄は、決して他人の責任ではありません。すべて自分で引き起こしたものであり、自分の思考の向け方と行動次第で未来においては満足のいく結果を導くこともできるのです。

批判に正当性はありません。正しい批判だと思っているのはその人と一部の賛成する人間だけであり、社会や精神世界が正しいと認めているわけではないのです。同じ人間をこのようなレベルにおいて批判したり、物質世界から排除することはできません。

内なるささやきは人にとっては見たくもない、聞きたくもない厳しい答えを持ってくることもあります。また、こんなことはできるはずがないとあなたが思う要求をしてくることもあります。

そこで肉体を意識する人間に戻るのか、それとも魂をスピリットとした信念を貫けるかはあなたの魂への関わり方の強さ次第です。

また、あなたの脳が「こんなことできない」と感じても、できるから魂がささやくのです。そういう仕組みを覚えておくと、自信がわいてくる人もいるでしょう。

社会的な知性、常識などといった物質世界でつくられ、またそこでしか通用しないことを重要だととらえ、それらが自分を磨きあげるものだと信じても、けっきょくそれは肉体を持たなければ使えないカードなのです。

ものさしとしての魂

大多数の意見や何かの成功者の意見であろうと、それらの意見に賛成し縛られるよりも、自己の魂の基準で物事を判断してください。自分の魂をものさしとしてあらゆる人間、物質の基準を見定めてください。

魂と関わるというのは、まず手始めとして、何かを学ぶというよりも、魂である自分の存在を確認し認識することです。

物質世界にある優劣や何かの基準は人間がつくり出したものに過ぎません。魂だけのあなたたちは優劣がなく、私たちは個人の意見、見解に干渉しません。他者の意見に従うことに恐れを抱かず自己に向き合うことに恐れを抱くのはなぜなのか、私たちはいつも不思議に思います。

それは本当に自分が欲していることを見つけることや、世間で正しいと言われている人間と違う自分を見つけてしまうことから、本来の自分に従い行動することが怖いからなのです。でもこれは見せかけの恐怖です。あなたたちは自らの魂に従えず、自分の魂がどういうものであるのかを知らないから恐怖を抱くのです。

自分に恐れはないはずです。他者を信用できなくても、自分自身が信じられないという人は絶対にいないのです。どうすべきかわからなくなることはあると思います。それは自分自身と向き合うことをせずに、他者の意見を鵜呑みにしていることに原因があります。

自分の魂にすべての事柄の判断を委ね、その後、肉体を導けばよいのです。確かに魂に刻まれている課題を達成することは並大抵のことではありません。苦悩、努力は否が応でもついてきます。しかし、その手のものは苦労ではなく、必ず乗り越えることができます。それは、そこへ向かって進む道や目的、ゴールがすべて用意されているからです。

神は、真に魂に向き合い何らかの学びや解決をしようとする人間に対して、その人間がやってできないことを、課題として与えることは絶対にありません。ですから、安心してください。他人に自慢できないような人生でも、自分自身がその過程や結果に満足できれば、それでよいのです。

安らぎが信念を向上させる

それを知らずに他に目を向け、他人が成功した道のりをたどってもあなたとその人物と魂の課題は違いますし、まわりを見るものさし（価値基準）も違います。けっきょく最終的に自分の進むべき道へ戻らなければいけないのです。

物質世界に誘惑はつきものですが、どれだけ人間同士干渉しながら、他人の人生を歩まないようにするか、これは実際には簡単なことなのですが、なぜか、あなたたちはその誘惑に駆られ、自分の人生を難しくしてしまうのです。

自らの魂と向き合うことは、安らぎであり恐怖ではありません。そして自らの魂に通じる道を確認したとき、そこにはあらゆる選択肢が見えるのです。課題達成の方法は一つではありません。あなたが選べるのです。

安らぎが人びとの信念を向上させ、前向きにさせ、その先に見えるあらゆる道から自己にとって最善の道を選ぶのです。この道にも苦は存在しますが、非常に充実したものとなり、未来に対する焦りをなくします。人間はどのような道を選択しても悩み、困難、努力、障害などはつきもので、難なく成功の人生はありません。

大多数の幸せが自己の幸せへとはつながらないものです。幸せとは大多数の人間により支持されるものだと思っている方は、残念ながら物質世界の陰の部分に染まってしまったのでしょう。

自己の魂（本来の姿）を見つめることで、この陰の部分とは一線を引かなければいけません。それとこのような方は、嫌でも自己の幸せの基準に焦点を合わせざるを得なくなり、現在の生活に耐えられなくなります。

世間体や社会的地位、その他の権力などを気にして、自らがそういう立場にあるならいざ知らず、他人の培ってきたものを自己のものにしようとすることは絶対にできません。

また、それに気づかないふりをして、物質世界こそ真の世界であると思っている人は、後々あらゆる形で問題を抱え、物質世界が真の世界ではなく、精神世界こそ真の世界だと理解するまで重い課題を与えられます。そのうえ、物質世界のあなたにも悪影響を及ぼすことになり、思い知らされることになります。

魂の力を知る

また、他人と比較して自らをダメな人間と位置づけることも避けるべきだと思います。先ほどから言っているように人間の魂に優劣はないのですから、他者の魂と自己の魂を比較するのは危険な行為です。

あなたの人生を他人が生きられないのと同じように、他人の人生もあなたは生きることができません。そう考えることができれば、自ずと自己の行動に誇りを持ち、悩みや苦悩すらも他人と比較することなく、自分のやり方で対処することができると理解できます。

そして、もう一つ自己の魂と関わらなければいけない理由は「自分の境界、つまりどこまでできて、どこからができないのか自分の魂の持っている力を知ること」にあります。

これを知らなければ、物質世界で押し付けられた情報だけが頭に残り、頑張れば自分は何でもできるし、神に与えられた以上の特殊な力を持っているかもしれないと思ってしまうのです。

まずは自分の持っている力を知る。この力とは、与えられた課題を解決に導くための知恵や機知のことです。

神は必ず個人個人に何らかの力を与えます。この力は問題を解決する力でもあり、自分のいるべき必要な場所へと導く力でもあります。私たちが言っているのは、神の与えた最終課題を達成するそれぞれの力のことです。

魂に与えられた課題が違うならその解決方法も違うと言いました。これが根本にあり「力」と表現しているのです。この「力」により最終課題を達成することができれば、その人間にしか行使できないのだから神格化した際に「特殊な力」と成り得るのです。この力はもちろん努力の結果引き出す人間もいれば、何一つこの力に関することで努力しなくても、無意識に使える人もいます。課題達成のために駆使できる力を、自分も持っているのだと知らなければいけません。

自分の許容範囲を知る

もう一つだいじなことを教えましょう。それは自分の許容範囲を知ることです。自分の許容範囲、つまりは境界線を知らなければいけません。みんな努力したり頑張れば、何でもできるわけではありません。

人間は魂にすでに与えられた課題に対する必要な事柄以外は学んでいませんし、それ以外のことができると思ってはいけません。

人間はどれだけ多くを悟ってもそれは物質世界ではほんの一部ですし、それぞれ人間が自己の課題を達成するために与えられている狭い環境の中の出来事に過ぎないからです。ですから、その許容範囲が自らの魂が支持している範囲を超えてしまうと、脳でも魂でもどちらにしても制御ができなくなり、精神的な病気を抱えたり、脱力感や空虚感から抜け出せなくなります。これを回避できるのは、高望みをしたり、誰かを羨んだりするのではなく、自分が知らなければいけない範囲、できなければいけない範囲を魂と関わることにより知ることです。

魂に従わず、どこから来るともわからない異常な焦りは悩みを増大させ、それ以上に未来においてあり得ない事柄を自分で勝手に生み出し、よけいに心配することになります。

行き当たりばったりの行為が良い、悪いと言っているのではなく、それは個人個人異なるでしょう。行き当たりばったりに見える行動でも、自己の信念に従っていれば、それは正当なものとして扱われ、充実したものとなります。焦りから何かをしようとやみくもに行動しても、信念に従っていなければ何もしていないこととたいして変わりません。

そして、焦ったからといって何かを与えられるわけでもなく、自分の思い通りに事を運べるとも限りません。この世でしか人生がないと思っているから、年齢が上がるとともに物質世界が見せる世間体とも相まって自分で自分を焦らせるのです。

魂で生きる人生のほんの一部を今の自分として生きていると認識できれば、与えられたり、自分で勝ち取ったものに対して、よりいっそうの感謝の気持ちを持ち、異常な焦りをなくすことができます。焦らなければいけない時は自分の魂がそれを教えてくれますし、休まなければいけない時も同様に魂が教えてくれます。

どれほど焦ったり、こうしたいと頭の中で願っても、課題が変えられない以上、道は限られています。そして願ったり、強く思ったりするだけでその通りになることはあり得ません。

願って思い通りになったのなら、あなたが魂のメッセージを無意識のうちに受け取り、そうなるように行動していたというだけに過ぎません。その道に学ぶことが皆無で、ただの遊びと考えてもむしろ危険である場合、人間はわざわざそこに関わるようにはできていません。それにわざわざ逆らって飛び込み、これ以上の重荷を自分で自分に課してどうするのでしょう。

魂に直接問いかける

それよりも、はじめは怖くても自らの魂に直接問いかけるのです。「私にはきっとそんなのは無駄、何も聞こえない」とあなたたちが反論してくるのはわかっています。しかし、はじめから全員に魂の声が聞こえるなどとは思っていませんし、聞こえる人はそうそういません。

みな勘違いするのは、自分の脳の考えや、エゴを自分の「内なる声」であると都合良く思うことです。勘違いしないためには、物質世界の考え方が残っている自分を停止させるところまで持っていくことです。

エゴや世間体を振り落としてから、はじめのほうで言ったようにさらに奥へ突き進まなければいけません。これは瞑想ではありません。頭が活発に活動している最中に魂を探るのではなく、いったん物質世界の身のまわりにある出来事から切り離して、内なる声が聞こえるところまで深く自分自身を掘り下げてみなさいと言っているのです。

それよりも突発的な自らの予期していない行動によって知らされることもよくあります。たとえ将来が大変そうだと感じていても、そこに身を置くことが充実した安らぎであるのならそれに従うことです。

私が言っていることは、あなたたちの世界にある本のように、誰かの賛同を得るものではなく、あなたたちが生まれた理由を説き、考える基礎、根本を教えているだけです。何が正しく何が間違っているとは言っていません。人それぞれいろいろな意味で違うのですから当然です。

しかし、あなたたちの根底は一緒で、自らに従い、そしてその方法を一つ選び、進み、試行錯誤し、結果、自らの課題のゴールにたどり着くのです。助けはいくらでもあなたのまわりに広がっています。

それは他者であり、物質世界での出来事などたくさんあります。置かれている状況を呪うのではなく、その置かれた状況の一つから何を学び、自己を癒すのかを知るのです。そして、一番の理解者は自分自身であることを知るのです。

答えは自分の中にしかない

自己を傷つけるのも救うのも自己なのです。

何度も言うように、確かに他者や物質、動物により考えさせられるきっかけを得てもそれが自分の信念に従って行動する根拠にはなりません。そしてそのような人たちも人間として生まれている以上、神ではないのです。失敗もすれば、言っていることが自分の考えと違う場合ももちろんあるでしょう。

あなたたちはその信念が自分以外のところにある得体のしれないものに対して何を求め、何の質問をしたいのですか？

答えは自分の中にしかないのです。自分に聞かないで、他人がつくり出したもの、人はそれぞれ違う生きものなのに、何グループかに平気で分け、将来を決定してしまう行為をなぜおかしいと思わないのでしょうか？　そういう行為が自尊心である自己の魂を傷つけるのです。それは自己の魂が自分を信頼していない、だいじにされていないと感じるからです。

脳と魂で考えることを使い分ける

皆さんの中に強い魂があるでしょうか？　それを感じ、意のままに行動すれば、自分以外に他者をも傷つけることがなくなります。なぜなら、精神世界においての魂と同じく自分を成長させることに一生懸命になるからです。この崇高な魂は皆さんの中に間違いなく存在しているので、それぞれが魂を最大限に引き出せば、物質世界において他者との関わりの中で感じる優劣、妬みなど取るに足らないことであるとわかるでしょう。魂との関わり方とはそのようなものです。

手始めに魂を確認すると言いました。あなたたちは頭を使ってよく考えると思いますが、そうではなく、その合間にも自分の魂で感じることができることを忘れないでください。

真実を知りたい気持ち。これは自分の人生に関してですが、何か問題があるのなら、自分の信念を曲げずに、他者をも尊重できる解決法を頭ではなく、魂で模索するのです。

この意味は、魂的考え方に依存しろと言っているのではなく、要所要所に脳と魂で考えることを使い分け、本当に困っている時に自分のこれからの人生を知りたいのであれば、深く魂に働きかけることで知ることができるということです。

第3章　魂と脳

魂と脳の本質的な違い

魂と脳。これは安易に比較することはできません。なぜなら、次元が違うものだからです。

確かに、思考、記憶などの点において似通ったところはありますが、その役割としての本質は違うものです。それぞれどこまでが役割で、どこまでが限界なのかを知り、この二つをあなたたちが場に応じて上手に使いこなすには、ここでお話しすることは十分に価値があるものだと思います。

まず、一つ目はそれぞれがどこからやって来たかについてです。

脳は肉体を持った人間が赤ちゃんの頃から与えられたものです。これは物質世界に下りると決めた瞬間に与えられたという意味です。ですから、子宮内で与えられたということになります。

長い期間、その人間の脳だけとして単体で存在していたことはありません。そして過去にも未来にも同じ脳はありません。同じ川に二度と入ることができないという言葉と同様に同じ脳に二度と出会うこともないのです。今の人間として生きられるのは現世だけであり、脳が違えば、各時代に自分が重要視した考えや人柄も違うということです。

つまりは、あなたたちとは0歳からのつき合いということになり、こちらは年齢とともに正常であれば成長し、また肉体年齢に伴う考え方や行動の仕方を命令し、物質世界においてあなたたちを支えるものとなるでしょう。

しかし、魂の根源は以前もお話しした通り、精神世界の一部分です。

簡単にいえば魂は精神世界からやってきました。この物質世界にあなたたちの肉体を借りて下り立ったのです。

魂として存在しているあなたたちが本来の姿であり、その期間は肉体を持っている時よりも遥かに長いのです。

つまり、あなたたちは非常に長い間、自分として存在しているということです。物質世界で自分として生きた経験など、精神世界を魂として漂っていた年月に比べれば遥かに短いものです。

私は魂が本来の姿であるとお話ししました。

どの時代に肉体を持ち合わせ、具体的にどんな経験をして何を学び得たのかは今わからなくても、また現在肉体として感じなくても、魂の中ではあなたとしての長い歴史があり、脳と違って、刻まれている感情や思考があります。そして物質世界では到底経験できない数多くの事柄に誰もが陥り、それを解決してきているのです。

魂からの優しさ、厳しさの重みというものはあなたたちの人生において非常に重大なのです。

神は脳には関与していない

二つ目に脳と魂の役割と未来への可能性について説明します。

これはもちろん今の物質世界で学んでいるあなたたちを基準とした役割のことです。

まず、脳自体は同じものがほぼすべての人間に与えられます。脳は物質世界での思考を身につけることがすべてですので、年齢と同時に脳のレベルは上がっていきます。

また、脳による問題解決能力も、人間の肉体年齢が上がるにつれて上昇します。ある意味機械的なチップである脳が肉体の中に入っていることにより、体が作動しているといえるでしょう。

脳と魂の最大の違いは神が脳には関与していないということです。魂は自然からつくり上げられた時には、すべて同じ形をしていてそこに差はありません。しかし、魂の内部に変化を与えるのは神のみです。このような考え方をすれば、脳は工場の機械で作られるお菓子のようにまったく同じものを人間の頭に入れていると考えることができます。

差をつくる、つまりあなたたち一人一人が違う個体であることを示すのは脳ではなく魂だということになります。

だいじなことは、その人の直感や突発的な他者を救う行動は脳の違いではなく、魂の経験の違いによるものだということです。ですから「あの人はこうできたのに私はなぜできないのか」と考える必要も、比較し妬んだり羨んだりする必要もまったくありません。

人間がその場に存在することや、直観が成功につながることはすべて必然の関係で、まわりの人間にしてみればその人がいてよかったということ、当事者にしてみれば魂の歴史を自分自身が垣間見た結果につながるだけです。

魂は課題の全うだけに情熱を注ぐ

脳が万人に共通なものである一方、魂は根本が唯一無二の存在ですので、脳とは元来違うものです。

確かに魂は大きさ、曇り方、透明感など、同じように見えるかもしれません。しかし、神が触り育て、そこに永遠なる命（最終的な課題目標）を吹き込んだから唯一無二の存在となるのです。

魂は脳と違い一つ一つに共通の役割があります。魂には機械的なとっさの考え方は存在せず、いつも考え方を変えず、課題を全うすることだけに情熱を注ぐことです。魂年齢によりこれから学ぶべきことも、今までの経験や歴史も違ってきます。

先ほども言ったように、脳自体はあなたたちが肉体を持ち母親のお腹に宿った時からのつき合いですので、それ以前や死後にも同じ脳は存在しません。

しかし、魂には今のあなたたちが肉体を持った以前、以降が存在します。それは前世・過去世、未来世と呼ばれています。

すべてはつながっているのです。脳での思考は、今いる物質世界でしか通用しないことです。魂の役割としてはあなたたちにその存在をまず気づかせ、自分に従い行動すること、そして魂が刻んできた経験や解決してきた知恵を用いて行動させることです。

未来においてもこの考え方は非常に重要です。あなたたちは魂の存在として生きている以上、遅かれ早かれ、多かれ少なかれ課題は達成しなければいけないのです。

そのために、ひとまず脳で考える雑念を振り払い、魂がどの道を望んでいるのかを見極めるべきだと思います。

あなたたちは未来にしか生きていくことができないし、過去に戻ってやり直すこともできません。自分が何を信じ、どのような確固たる信念があるのかを知ることは、魂により解決することができます。

しかし、脳ではこうしたことはできません。脳での考えには邪悪な考えが多すぎます。人を妬んだりもしくは羨んだり、陥れようとしたりと他者との比較によりその影響が悪いものとして出ています。

未来において脳は信じられるべき対象でしょうか？　脳は成長ができても、限界があります。

脳には限界がある

脳と魂はどちらも思考することができますが、違いがあります。脳には限界がありますが魂には限界がありません。現世で学んでいく過程において、一つの人間の体に魂と脳という思考するものを共存させていることがあなたたちを苦しめている原因になります。

これがあなたたちがよく言う「悩み」です。悩みとはその瞬間に起こった出来事に対する感情が直接的な原因ではありません。「悩み」とは一つの肉体に同じく思考、記憶を要するものが二つ（魂と脳）あり、これらが相互的に作動しない場合、つまりはどちらもそれぞれの考え方を貫く場合に発生するものです。

わかりやすくいうと磁石の同じ極を合わせた時のように、違う方向に跳ね返るのです。

これにより悩みというものが発生します。

余談ですが、これが自分の持っている許容範囲を超えると直接肉体にまで影響します。どちらかが妥協すればよいのですが、脳では世間体など他者との比較により、それに従おうと思いますし、魂では本当に自分の持っている信念、こうした方が良いと思えることを絶対に曲げません。どちらかに従った時悩みは解決します。もっと厳密にいえば、魂の望む方向に従った時にすっきりと解決します。

脳の方に従っても、けっきょくは時を経て同じような境遇になる。あるいは同じ境遇に陥ることはなくても感情の面で再度訴えかけられることがあります。

肉体自体で人間は悩むことはできないのです。それと頭では二つも三つも悩むこともできません。一番良いのは魂のほうに従うことですが、これができないで脳の考えのほうがあなたたちにはしっくりくるのか、さらにひどい悩みに襲われる人もいます。この区別をはっきりしなければいけません。

過去から未来にかけての脳と魂の可能性

脳の場合は肉体がなくなれば必然的に消滅するものですから、敢えて生きている間の未来ということにしておきます。

先ほどお話しした続きになりますが、魂はあなたたちにとって必要に思った事柄から、すでに前世・過去世において達成した事柄、達成していない課題のヒントにいたるまで、魂が創造された瞬間から現在までそれを刻み込んで、あなたの中に宿り、そして未来に向かって成長し続けるのです。

これはとても重要なことで、たとえ現在、肉体を持つあなた自身がそれを覚えていなくても、あなたたちがあらゆる方法で本気で自らの過去世に何をどう学んだのか、そして過去世まで見ることはなくても（見えなかったとしても）、何が今回の課題で、どのように歩めばよいのかは、自らの魂が照らしてくれるのです。

そして、今のあなたではなくてもまた違う肉体を持った人間として生き、本来の自分自身である自らの魂は成長し、生き続けます。魂つまりあなたたちは半永久的に存在し続けます。魂は自らに刻んだ事柄を決して忘れることはありません。過去からの出来事もすべて思い出せますし、現在はそれによって生き、未来においても、過去から現在に刻んだ事柄、痕跡としてあり続けます。魂の記憶は永遠であり、財産となります。

一方、脳で覚えた事柄は、物質世界で役に立つことがほとんどですので、魂が自らの記憶として刻み続けても仕方のない事柄ですし、それらが魂に刻まれることはまずありません。

そうでなければ時代の変化や、人類の変化に対応できないからです。もちろん対応できるか、できないかが問題なのではなく、最低限物質世界で人間の肉体を持つという意味で平等に生活するためのものです。

たとえば試験や道順など、例はたやすくあげられますが、主にこの二つを例にとってみましょう。結果として試験に成功し合格しても、それまでの過程に魂が重要だと思える事柄や、核心を突く学びのヒントがあれば間違いなく、あなたに気づかせ、そして魂に刻んでいきます。

しかし、試験に成功したり、学び暗記した事柄は物質世界の出来事として処理されるだけで、脳も一定期間を過ぎればこの暗記事項は忘れてしまいます。また、道順もそうですが、通勤、通学どちらにせよ、道順を暗記していなければ会社や学校に行けませんね。これも脳の管轄なのです。なぜなら結果的にいえば忘れてしまうからです。

精神世界に試験はありません。道に迷うほど動きさまようことはありませんし、バスも地下鉄も車も存在しません。たとえすべてのバスの時刻、路線を覚えたとしても、物質世界では時には役立つでしょうが、精神世界ではそれを魂に刻み込まなければいけないほど重要なものではないということです。

確かに、暗記するまでの努力など、覚えたことに対して自らが行動し、成し遂げた事柄があれば、その一部は確かに魂に刻まれるものと思います。ただ、根本的に脳はよく忘れ、次々暗記するべきターゲットを変えていくものでもあります。

魂と脳は原理が違う

今まで読んでいて実に奇妙だとは思いませんでしたか？　自分の中にまったく違うかもしれない考え方をするものが二つも存在し、一つは昔からの何もかもわかっている自分と、固有名詞（名前）をつけられて、物質世界において「自分」として記憶がある時からつき合っている自分。どちらも自分自身であることに違いはありません。

ただ、ここでお話ししてきたように原理が違うのです。三分前まであなたの思考のすべてを脳が占領していても、けっきょく決断の時に魂の思考を用いる自分も実際に存在しているのです。こうした事実は物事を解決するために、解決までいたらなくても知っておくだけでも違うのです。

脳と魂を上手く使い分ける方法があります。この方法を知らなければ、何度も言うようにいざという時、判断を人の手に委ねることになります。自分で決めなければいけないのに、魂と脳が違う発言をしていたら、どちらに従えばよいのかわからなくなります。当たり前です。肉体では考えることはできないのですから。脳と魂のどちらに従えばよいかわからない場合は、非常に苦しみ悩むことになります。あなたたちが悩む原因はここにあるのです。それゆえ厄介なのです。体が言うことを聞かないのではなく、魂または脳により行動を自分で制限しているからです。

悩みを克服するのは脳ではなく魂

この解決のヒントは胸で感じられるかどうかです。胸でなくてもかまいません。ようするに、脳を主体として考えていないかを自分自身で見極めればよいのです。あなたたちの現在の悩みを克服するのは脳ではなく魂の場合がほとんどだと思います。

なぜなら魂は重要な事柄以外はおとなしくしていて、いっさいタッチしないためです。バスの料金表を見て、行きたいところの運賃を見定める時にわざわざ魂で感じる人はいないでしょう。これはすべて脳で判断しているのです。品物が安いか高いかということも同じです。

以上はたとえですが、自分の中で脳の役割、そして魂の役割が大まかな部分で見えたのではないでしょうか。

そして、脳で判断していること、魂で判断していることの違いを理解できれば、使い分けができるようになり悩みも減りますし、それほど重大なことだと考えなくてもよくなります。比較できないものをどちらがすばらしいということはできません。

脳が存在するにはそれなりの理由があります、魂はもともとあなたたちの本来の姿ですから、なくてはいけないものです。

今までお話ししてきたように物質世界で人生を歩むうえで必要な事柄は脳の役割として任せ、それ以外で重要な——きっとここは重要なのだろうと思う——事柄の判断は魂に任せてください。迷えば胸に手を当て、魂の判断を仰ぐのです。

脳は脳自体に何らかの基準や確立されている信念がないため決断にぶれが生じます。しかし魂にぶれはなく、問いかければ問いかけたそれ以上の一つの確立された答えが返ってきます。

魂の答えは質問によって本質が変わることはありません。自らの魂の根本はすべて同じ考え方です。そして一途に魂の考え方をあなたに知らせるのです。

第4章　スピリチュアル

スピリチュアルの位置づけ

スピリチュアルという言葉だけが独り歩きする昨今、この言葉の意味を間違えてとらえている方も少なくないと思います。スピリチュアルとは精神世界という意味ですが、私は精神世界の一部である魂へ向ける思考であるととらえています。

あなたたちが自分の魂の存在を意識したり、人生において自分なりの考え方を持ったりすることは、現在において特別注目されているものではありません。過去においても未来においてもあり続けるものです。

なぜなら、あなたたちは私たち天使同様に、本来は精神世界の住人だからです。この意味としてはスピリチュアルな世界に対して関心があるといった次元の話ではありません。あなたたちは皆、精神世界から肉体を持つ物質世界へと旅立ち、そしてまた、精神世界に帰ってくることになります。

私は「スピリチュアル」という呼び方はあまり好きではありません。一つには先ほども述べたように言葉だけが流行し、独り歩きし、皆もそれに便乗しているだけで、スピリチュアルと結びつけて考えなければいけない本当にだいじな魂へ向ける思考の部分をないがしろにしているからです。

もう一つはスピリチュアルという言葉が発するイントネーションが強すぎて、この言葉を発するだけで、精神世界を理解したような感覚に陥っている人がいるからです。

また、本当の自分を知ろうとしているにもかかわらず、自分自身の魂を客観的に見てしまう要素が強いことも事実です。つまり本当の自分であるのに自分ではないと勝手に思い込み、自分の肉体とは違うところにある魂を見つけ出すという行動をしているのです。

詳しくいいますと、あなたたちの魂はあなたたちの内にあり、そしてそれは紛れもなく自分自身であり、肉体と魂とが一体化して「あなた」という人間が出来上がっているにもかかわらず、あなたたちの行動は、自分に向き合うのではなく、自己の魂という名のお隣さんを探しているのが非常に気にかかります。

スピリチュアルは言葉通り精神世界の全体を意味しますが、私があなたたち人間にとって重要だと感じるものは精神世界の一部であるあなたたち自身の魂だけであり、それ以外の精神世界的要素は人間にとって必要ないと思っています。この魂を主体とした考え方はあなたたちの根本、土台であり、決して避けることのできないものです。これがあなたたちのすべての考え方の基礎となる部分です。

スピリチュアルの正しい理解

基礎である魂こそが自分自身であり、他のものにいっさい目を向けないで、それと向き合うこと。それ以前に魂と肉体とが一体化していることをきちんと認識し、普段からどんなことがあっても考えがぶれないようにしておくことがたいせつです。

「考えがぶれない」というのは、物事に対して一つの意見に執着したり、考えを未来においても変えないという意味ではなく、考えを変えてもそれが必ず自分の魂に添っているのかを見極めることがたいせつという意味です。

人間に共通な基礎の部分が確立されて、あなたたちは「個々の考え」という花を咲かせるのです。

私のいうスピリチュアルな思考を無理に避けて通ろうとしても、できません。あなたたちが精神世界の住人である以上、あなたたちをつくっている土台、そして思考におけるすべてのことを支配し、制御しているのは魂だからです。ですから、見て見ぬふり、感じて感じないふりはできても、あらゆる場面で自らの脳の思考以外の何かが必ず垣間見えてきます。これを無視しないでください。

スピリチュアルとは精神世界全体のことを言っているわけではなく、その世界の上に成り立っているものでもありません。私はすべての事柄は精神世界から来るとは言いませんし、いつも精神世界について考えなさいとも言いません。

そして、スピリチュアルの正しい理解として、その言葉自体に惑わされてしまうのであれば、いっそのことスピリチュアルという言葉は避けてもよいと思います。

おのおのの魂へ直結する思考がスピリチュアルであり、あなたたちの体で表現すると、上にあるものではなく下にあるものなのです。

この意味は、スピリチュアルイコール精神世界ととらえると、あなたたちの目は必ず上に向けられます。しかし、そこにはあなたたちの知らなければいけないことは何一つないのです。

では、どこに目を向けるのか?

それは、あなたたちの胸のあたりです。そう考えれば魂は遠いものではないと実際に感じることができるでしょう。魂は自分の内にあるわけですから、いくら上を向いてもそこにはあなたたちの知るべきことは何もありません。

スピリチュアルという言葉に惑わされて、遠いものだ、学ぶべきものなのだと何の疑問も抱くことなくそう感じる前に、まず魂があなたの肉体の中にあり、今は物質世界に存在していることを実感してください。

間違ったスピリチュアル

さて、最近ではより多くの方々が、このスピリチュアルに対して関心を寄せ、自分は何者なのか？　本当に心が落ち着ける居場所はどこなのかを模索していることと思います。

多くの方がこのスピリチュアルを理解し、自らの仕事と呼ばれる課題に励むこと、そして、その課題を解決する能力が精神世界を知ることで高まっているのだということを私は非常に嬉しく思います。

しかし、スピリチュアルの概念を間違って理解し、それを当然であるかのように教え説き、スピリチュアルは「癒し」であると勘違いをさせる人間が多いのが現状です。そのため、彼らの発する言葉がどうしてもおのおのの魂の核心を突く厳しいものではなく、悩みのある人間、泣きついてくる人間を言葉巧みに操ろうとしていることが、逆にその人間を苦しめる結果になっています。

自立できていないため、何がしたいのかいつまでたっても自分でわからずに、決めることができないので行動もできません。

また、皆さんがもっと幸せになるために多くのことを知りたいという熱心な心を利用し、お金を払わせてさまざまなグッズを買わせ、スピリチュアルを「快楽の癒し」であると結びつける方がいますが、はっきり言ってそれは間違いですし、私たちはそういった数々のことを非常に残念に思います。

私はここでスピリチュアルは一時の快楽的思考を目指すものではなく、厳しくとも自己の今生での人生の方向性を模索するものであり、神により与えられた課題を最終的に達成するために必要なものであるということをはっきり示したいのです。

こういった方々の中にはその危険性に気がつき、あらゆる本で学び、正しいことが何なのか理解しようと思われた方もいると思います。しかし、少なくとも私たち天使のように精神世界のことについて詳しい人間はいないものだと思っています。もちろん誤解しないでください。あなたたちにはそれぞれ未知の力があり、その自分だけに秘められた力を最大限利用すれば、私たちよりももっと簡単に物事を運べる人間もいます。

魂の存在意義を理解する

ここで私が言いたいことは、スピリチュアルを正しく理解し、自己の課題に役立たせるものでなくてはいけないということです。何度も言いますが、それぞれの人間の課題が違うように物事に対する受け止め方、考え方は違ってかまいません。しかし、考えるための基礎である魂の存在意義などをきちんとした形で理解していなければ、何か問題を解決したいと願う時に、自分の魂の方向性とまったくかけ離れた的外れな考え方をしてしまいます。魂つまりは自分自身にとって素直に生きることができないのです。

素直とは、他人によってつくり上げられたイメージの自分を演じるのではなく、魂から発せられる「これがきっと本当の自分なのだろう」と思うイメージを体で表現し、他人にもアピールできることです。

それがひたむきさや純粋さにもつながります。わがままとはまた違い、嫌なことには「ノー」と激しく突き付けてもよいのです。それを躊躇《ちゅうちょ》し、他人の自分自身に対するイメージに応えようとすることは、もはや純粋でも何でもなくただの操り人形と一緒です。

話を戻します。「癒し」とは自己の目の前にある課題、物質世界でいえば、繰り返し起こる悩みの克服や同じ行動パターンに陥る克服をしたうえで、自分の魂のことを物質世界でも理解できるようになり、嬉しい時も気持ちが沈んだ時にも感じることができるものです。「癒し」はそれほどすぐに感じられるものではありません。あなたたちが感じているのは嫌悪感を抱く感情を、先の見えない優しい言葉や気まぐれな言葉に惑わされて得ている「一時の快楽」に過ぎないのです。

だから、いつまでたっても自分で克服してその時に抱いた感情を癒していないため、永遠なる克服ができず、もう一度快楽という名の癒しを味わおうと人や物に依存するようになるのです。

本来のスピリチュアル

それでは、本来のスピリチュアルとは何なのでしょうか？　スピリチュアルの定義としていえることは、まず、先ほども言ったように、絶対に「一時の快楽の癒し」ではないということ。

人それぞれ異なっているから考え方が合わないというものではなく、あなたたちの考えの基本であり、悩みに襲われた時はこの自らの基礎である魂への思考を利用して解決するものであるということです。

スピリチュアルは皆で集まり、一つの教えにすがるのでも、短絡的な癒しを受けるものでもありません。本来のスピリチュアルとは、自らの根本、言い換えれば「本来の自分を見つける過程」を指しています。

これは言葉で表すと一見簡単なようですが、内側を見ることはたとえそれが自分自身であってもかなりのエネルギーと集中力を使い、あなたたちのまわりに取り巻いているエゴや雑念を取り払わなければいけないものです。

その「過程」はかなり厳しいものと私は判断しています。それを乗り越え、自らの魂までたどり着くと、「自分が何者であるのか」から始めて、課題は何なのか、その解決方法はどこにあるのかなど、あなたを取り巻く環境を熟知することでさえできるのです。それが本来のスピリチュアルといえるでしょう。お気づきの通り、そのためには上に目を向けるのではなく、下に向けなければいけません。

この「過程」の先に「癒し」があるのです。一時的に自分を慰めるもの、大勢に共通することを言われ安易に納得する癒しは、本当の癒しとはいえません。そのような癒しは魂には響かないのです。

この「過程」を無視して、あなたたちが喜ぶようなことを言われたり、おだてられたりしても、あなたたちの頭では安らぎだと理解するかもしれませんが、魂には届いていません。むしろ的外れなことを強く言われることで、あなた自身の肉体が自己の魂の反感をかう恐れもあります。

そして、自分である唯一の魂が封印されてしまい、二度と自分の人生を生きることができなくなるのです。これは他人への依存ととらえることもできますし、一人の人間の中にその人間とは違う別の人間の魂を入れることにもなるのです。単に他人の意見を取り入れたのではありません。考えは魂から発せられているわけですから、その人間の魂を自分に取り込んだといってもおかしくはないのです。

霊と関わらない

余談ですが「霊」、この場合は守護霊ではなくただの霊のことですが、それと人間がむやみやたらに関わることを私は禁止します。なぜなら、これらの霊がなぜ存在しているかというと、物質世界に未練があるからです。これは「依存」の典型です。

物質世界で楽しいことがあったのか、強くひかれるものがあったのかはわかりません。いずれにせよ物質世界にずっといたいという考えが浮かぶこと自体がすでにおかしいのです。なぜなら自己の魂を認識していれば、自ずと自己がやらなければいけないことが見えてきますので、現世では未来へ、死後は来世へ進もうとします。それをしないで物質世界に依存しているということは、自分の魂を完全に無視していることに変わりありません。

また霊と関わってはいけない理由は、あなたたちに乗り移り（憑依《ひょうい》し）、あなたたちの肉体にその者の魂が入るわけですから、一つの人間の体に魂が二つあることになります。当然、肉体はどちらの人間の電池（魂）で起動するのかを一生懸命探ります。

この時、霊の魂の思い通りにさせてしまえば、もうその人間がその人ではなくなり、霊の魂を持った人間になってしまいます。そして自分の人生を生きることができなくなるうえに、もし魂同士が葛藤でもすれば、その人間の脳にまで影響を及ぼし、精神的に耐えられなくなるでしょう。この点で私は霊に関わるなと言いたいのです。

このような霊的な話をすることや、霊を扱って安易に仕事をしている人もいますが、どうかやめてください。良いことはありません。逆に漂っている魂を呼ぶ原因になります。人間的に優しいから霊がつくのではなく、その人間の自分自身の魂に働きかける力が弱いから霊の入り込む隙間を与えてしまうのです。

これは霊だけでなくとも、同じ人間同士でもいえることです。

いやいや関わり続ける人間関係や、どうしても言うことを聞かなければならない状況においても、生きている人間の魂があなたに入り込むとは言いませんが、言いなりになることにより、自分自身で何をしたいのか、何をしていけばよいのかが判断できなくなることから、けっきょくは霊に憑依されていることと変わりありません。

自分を強く持ち、自己の魂に重点を置いて、魂が最重要と考えている人間には、肉体を持っていない漂う魂が入り込む隙間は絶対にありません。

スピリチュアルに依存しない

スピリチュアルな思考を理解し深めていくと、必然的にあなたたちは精神世界から来たあなたたちの魂と肉体を持って生きている物質世界の両方を一つとして、自らの問題に取り掛からなければいけないということもわかるでしょう。

間違っているスピリチュアルに依存することはもちろん絶対にいけませんが、私の説くスピリチュアルにも依存はしないでください。

あなたたちは、おのおの異なります。それが何を意味するのかというと、行きつく結果、選ぶ道が全員違うということです。それにもかかわらず、一つの事柄に対して執着するというのは、おかしく奇妙なことだとは思いませんか？

本来のスピリチュアルは、今まで話してきた「過程」と呼ぶ基礎を理解できれば、その先は自分一人で解決できるということです。基礎がわからない、または揺らいだ状態だから、いろいろな雑念に惑わされ、通常決して引っかからないような意図の見えないものに騙《だま》されるのです。では、なぜ騙されるのか？

それはあなたたちの基礎が、あなたたち自身だけの思考をつくり上げる種にゆらぎがあるからです。その種に本来のスピリチュアルの基礎である「魂の思考を理解するまでの過程」という水をきちんと撒くことができれば、他の人間と違ったあなた色の個性のある花が咲くのです。

この根拠というのは物質世界で証明されたという意味ではなく、自分自身が正しいと思っていることです。自分自身のものさしで判断して、それぞれが自分自身の中で、自己の魂の思考によって根拠があるのかないのかを見極めるのです。

科学では証明されないものが実際には存在します。それは人間のどこから来るともわからない確信のある思考です。これは証明できなくても、確固たる事実として、光のある道として存在します。また、私たちの側からすれば、科学で証明されたことが、この世のすべてであるということも、科学全般が正しいとも言いきれません。

肉体と魂を一体化させる実践方法

ある一人の人間の成功談を聞き、それをまねしなさいと強制したり、「こうすれば必ずあなたはこういう人間になれる」と言ったり、もしくは定期的に聞きに来なさいなどと勧誘したりするワークショップ、演説、講演はすぐにおかしいと判断できます。

話を聞くこと、またはその話のテーマが自らが悩んでいることに関することであれば、何度でも聞きにいくこと自体はかまいません。

抱えている悩みという名の課題を解決するために、考え、判断し、そして行動し実践するのは自分自身であること、解決に「特定のもの」は必要ないことを認識すべきです。

人や物質に依存しないことを固く心に決めて、自分自身を強く持ち、ただ単に意見を聞き入れるのではなく、そこから言葉の端でも何かを受け取り自分のものにできればよいという感覚で余裕をもって聞きに行ってください。

ワークショップなどに行くことで、その場で悩みが解決し、未来へ進むべき道筋が示されることは絶対にありませんし、講師の話すべてがあなたにとって効果的なものだとは限りません。

なぜなら、その講師もあなたたちと同じ人間であり、人間としての優劣に差がないからです。その講師の言っていることがすべて参加者全員にとって正しいとは限らず、こういう話をしていればすばらしい人間であるとも思わないでほしいのです。

逆に講師の方でこの本を読んでくださっている方がいましたら、話すこと自体は悪くはありませんが、自分の意向に従わない者をおとしめる対象にしたり、勝手に他人の人生の行く末を決めてアドバイスすることはやめてください。そして自分も完全にすべての物事をわかっているわけではないのだということを認めてください。

やはり、あなたたち一人一人が自己に問いかけ、自らの行動、または思考をもって解決すべきなのです。話を聞いているだけで幸せになることもありませんし、気持ちが高揚し、満足したり癒しを感じても、それを抑えることが重要です。

自己啓発はある者にとっては有効でも、別の者にとってはまったく無駄であるともいえます。このようにみな同じではないのですから、同じ自己啓発を受けても、得られる結果も同じということはありません。結果が違うなら、そこまでにたどる道自体が違います。何に影響を受け、自分自身を動かすことができるのかもそれぞれ違うのです。

失敗するために生きているのだと解釈する

「癒し」という言葉を持ち出していえば、一瞬の快楽に身を乗じ、快楽としての癒しの中毒症状となるまで自己を追い詰め、自らを自分自身で破滅させるのか。それとも、あなたたちの記憶のない時代から刻み込まれている自分だけが操れるカードを意識し、魂の考えをもとに自らの思考をもって考え、行動するのかは違うということを教えます。

どんな人間でも他者との関わりを持っていますし、それは重要です。なぜならそこから与えられるヒントがいくつもあるからです。直接関わる人間関係でなくても、話したこともない人間からでも何かを受け取る人はいます。しかし、一概に大勢の友達がいるからヒントが多いとはいえません。

そして、ある程度自分を理解し、自分一人で行動する自信がついたなら、スピリチュアルな依存から離れて、学んだことを整理し実行に移せるのなら、行動するなど、そこに何らかの強弱をはっきりつけてほしいのです。いつまでたっても自分はだいじょうぶなのだろうか、などと心配していても無駄に時間が過ぎるだけです。

あなたたちが失敗と呼ぶことは物質世界だけの狭い範囲で考えれば、確かにできなかったこと、後悔することにつながるかもしれませんが、それは本来の失敗ではないということです。むしろ失敗するために生きているのだと解釈することも時には重要ではないでしょうか。

年齢と成熟はイコールではありません。失敗という事柄だけでなくとも、あなたたちの場合は物質世界に重きを置き過ぎている人が非常に多いです。たとえば五〇歳を過ぎると「私の人生の最終章を飾る」などと表現する人もいるようですが、何をもって最終章などという言葉を使っているのでしょうか。私たちの人生は物質世界の人生と魂の人生が存在するわけではなく、それらは同一のものです。ですから、最終章などと表現するのはおかしいのです。

自分の存在価値を見いだす

確かに年齢が進めばそれだけ肉体の死に向かって距離が近くなったといえます。それでもそこであなたたちの人生が終わるのではなく、そこから精神世界に戻り、戻ってからも人生を歩み続けるのです。

物質世界だけで生きているとは思ってほしくありません。

そして、必要な人間かどうかを決めるのは同じ人間同士ではありません。よく「私は必要とされていない」「居場所がない」という言葉をあなたたちは口にしますが、それは間違いです。まず直さなければいけないのは、このような言葉を発することがかっこいいものではないと知ることです。

そして、誰かのために必要とされたり、誰かを必要だと認めてあげるために物質世界に存在しているのではなく、他者を良い意味で上手く利用し利用されながら、自分の存在価値を自分で見いだすこと。そして、課題を達成していくことにより、いかに魂の向上を目指すのか、それが一番だいじなのです。

必要のない人間ならとっくに肉体的な死を迎えているはずです。肉体の死を迎えていないということは、あなた自身がやらなければいけないこと、学ぶべきことがまだ物質世界にあるからです。

「居場所がない」という言葉は一見かっこよく聞こえますが、それはあなたの魂に対して失礼です。居場所は自己の中にあり、すでに居場所は確立されているのです。それ以上の居場所を見つける理由は「他人と同じ行動をしたい」「他人とともに自分たちの価値を認識したい」ことにあるのでしょうが、人間は考え方を一緒にして生活を共にしても決して一つにはなれません。

魂を破滅させるような失敗はない

「失敗」という言葉はあなたたちのいる物質世界がつくり出した言葉であり、スピリチュアルな思考にその人間の魂を破滅させるような失敗、どうすることもできない失敗は存在しません。

たとえ間違えた道を進んだとしても、ただ単にそこから学べることもあれば、思考を変えて今度は違う道に進めばいいだけです。何よりその失敗が無駄だったのではなく、失敗したと思われるべき事柄から収穫したものがこれからの糧になります。

学び得たことに多少の磨きをかけることが必要であったとしても、それを実践し、行動に移せること自体が成長の証で、失敗ではありません。あなたたちはそこの基準をもっと深く、広く持つべきです。

少し何かできなかったら、すぐに「失敗」と一つの言葉でくくり、位置づけるのではなく、ここまでできた、次はこれを打破しよう、解決するためにこういったことを学んでみようと思うこと、今までの固定観念と偏見の転換が必要です。

根源はこういったことにあるのだということをしっかり固めて、理解しておいてください。

私が教える本来のあなたたちを基準にしたスピリチュアルな教えとは、肌で感じ実践し、できれば依存型ではなく一人で自己に立ち向かい考えることができるようにすることです。私たち天使は、一人一人の人間の「自立」を目指しています。もちろん、魂の状態においても完璧ではない者に、肉体と脳を添えた完璧とはかけ離れた状態の人間にこのようなことを理解させ、そして実践させるようにするのは大変労力のいることですし、何より、皆が自己に問いかけるようになれるとは思っていません。

しかし、新たな種類の人類が生まれ続けたとしても、これからもこの状態は変わりません。ですから私たち天使や、私たちの代弁者はどの時代も必要とされ、いなくてはいけない存在です。

魂に従い成長する

私たちはあなたたち人間の自立を願っています。全員が自分自身の幸せを発見すること、自らの魂と本当の意味で一体化し、いざという時に雑念を挟まず、魂に従い成長することを天使は望んでいます。

あなたたちにとって無意味な傷つきを防ぎ、安らぎを感じられ、毒のない考え方を養えることを願っています。

私の説くスピリチュアルとは以上です。きっと今まで、もやもやと気分の優れない方もおられたと思いますが、この話を読んで納得されたのではないでしょうか。

魔法は物質世界の肉体を持つ人間の間には存在しません。魔法をつくり出すことができるのは自分自身だけで、他人には効かないのです。

そして、何かもしくは誰かが自分の中に入り込み課題を達成することはありません。行動すべきは当然自分自身ですし、自己の魂を知ることができるのも、また自分自身だけなのです。

言い訳を脳で見つけることは簡単です。しかし、いつまでも言い訳ばかりして理解できないふりをしていても自分のためになりません。

苦しいと感じるのはそこを抜ける一瞬ですが、そこに行きつくための労力や集中力は半端なものではないでしょう。

一言きつく言わせてもらえば、間違ったスピリチュアルに振り回されていたのは、今まででこの基礎といえることをないがしろにし、簡単な応用に突き進み、そこだけをかいつまんで、「お勉強」をしてきた結果にあります。でも、そんなものは勉強でも学びでもありません。うわべだけの自己満足です。

応用というものは言葉と裏腹に見た目は簡単です。でも、それはあくまでも基礎の上に成り立っていることを忘れないでください。時間に遅いなどということはありませんから、私のいうスピリチュアルを実践してください。そうすれば必ずあなたたちは、本当の癒しを得て魂へ向ける思考を認識することができるでしょう。

第5章　選択権

すべての人間に「選択権」が与えられている

このことに関して再度言いたいことは、大きな神の決めた目標（課題）は変更できないということです。

しかし、それに到達するまでの、物質世界で生きている意味でもある、小さく分割された課題を達成する過程においては、どのようにして神の決めた目標までたどり着くかが決められていないため、自分の判断で選択することが可能なのです。

それぞれの人間の未来は自己の魂がすでにある程度の計画を持ち目標を立て、小さな課題であってもその道筋がうっすらと描かれてはいます。しかし、決して一つではないため、自分でそれらの道の中から選ぶこと、後戻りすることが可能なのです。

もちろん道は与えられたものの中から選ばなければ、物質世界のみの苦しみを味わう結果へとつながります。物質世界での自分に対する過大評価と過小評価は相互に密接に関係し、つながっているものだと思います。

後戻りについて私は肯定的です。なぜなら、間違ったと自分が気づいた時に間違ったまま、先がまったく見えないままなんとかなるだろうと思い進むことは決して良い結果につながらないからです。

それよりも後退する覚悟をもって、後ろを振り返り、もう一度やらなければいけないところまで戻ってください。そこからやり直すことは、あなたたちの物質世界でいえば否定的であり、遅いのではないかととらえられがちですが、決してそんなことはありません。

肉体年齢に縛られ、大多数の思う、もしくは常識として決められた道と反していても、それが一体何なのでしょうか？

常識とはこれもまた大多数の意見によるものだと理解しています。決して万人に共通する常識ではあり得ません。常識に従い、その通り進んだからといって課題の解決がはかれるわけではなく、かといってそれに反したからといって、良いということにはならないかもしれない。それでもなお、今の時点で自己の考えられる選択肢のみがこれからの人生においてあなたを勇気づけることができます。

何を学びどう対処するか

人は死ぬまで学び続けることができます。死の直前まで生きている人間としての魂の学びは絶えることがありません。

大きな意味で間違ったと思う道すらも、自らのさらなる選択で解決することが可能です。個人だけではなく、社会においても、あなたたちの世界で役付けされているリーダーが、この社会をより良いものにしようと思うための見直しや後退には、賛成すべきだと思います。

もちろんあなたたちはリーダーを選ぶことが可能です。

ある時には反対した方がいい、またある時には賛成した方がいいと思うでしょう。しかし、反対や批判はまわりの状況次第で誰もが簡単に行うことができます。一方、その中の賛成は反対する時以上にまわりの目を気にするのではないでしょうか。

そうではなく、普段の環境や社会情勢がどうであれ、必ずあなたたち一人一人が自分の住む世界においての判断を委ねられる時が必ずあります。その時に反対かそれとも賛成なのかは自分で判断できますし、そうするものです。

それぞれの人間が肉体を持つ背景としては、その肉体を動かす魂が達成すべき課題を全うし解決することにほかなりません。そういった意味では非常に狭い世界であること、行動範囲は限られているととらえることができます。たとえ諸外国に行ったり、交友関係が豊富であっても、他者より優れている証拠や根拠にはなりませんし、単純に視野が広がるということもありません。行動の幅が問題なのではなく、向かってくる事実に向かい、自分はそこで何を学びどう対処するかが問題なのです。

もちろん育った環境も、身内からどう育てられたのかもいっさい関係ありません。私は精神世界的観点でこうしたことを安易に言っているのではなく、たとえ何歳であっても、自分の道は自分で切りひらけるということを言っています。当然、ある程度の年齢になり、知っているであろうことを知らなければ身内のせいにされたり、しつけが悪いなどと非難される人もいます。

未来は決まっていない

本当に未来は決まっていないのでしょうか？

では、物質世界において通用している良いしつけというものを受けた人間が全員誰にも迷惑をかけず、また誰の目の前においてもしつけの良い人間であり続けることができるのか？

私はこの問いにイエスとはいえません。

けっきょく、環境や家柄は大きく家族として見るには何らかの目安や役に立つことがあるかもしれません。これは否定できません。

では、個々の人格ではどうでしょうか？　家庭内暴力を受け続けている子どもが必ず暴力をふるうとは限りません。

一見、不幸だと思うかもしれないけれども、そのような環境に生まれて暴力をふるってはいけないという強い感情が生まれ、成長して弁護士などになり、家庭内暴力などに苦しんでいる人を救うかもしれないのです。このような特定のことに限らず、普段の生活でも親がこうだから子どももこうだろうと勝手に決めつけるのはやめたほうが賢明です。

あなたたち人間はあらゆる時代を生き抜いてきています。その中で学び培われた必要なことは必ず魂に残っています。それが表面に現れると性格として個人の人格の一部になり得ます。

この事実からも判断して、けっきょく悪い面を他者に見せてもそれをそのまま受け取られることはないかもしれないと言いたいのです。

何か問題があれば原因を人間全体で探ることはだいじであり、続けなければいけないことです。ただ、目に見える事柄だけで安易に判断するのは、逆にその原因をつかむために遠回りしているかもしれないのです。

与えられた環境でハッピー、ラッキーなどと決め付けるほど、簡単にできた世界ではありません。

未来が決まっていない、とは何を意味しているのかというと、目標にたどり着くまでに一つの道を選ばなければいけないというのはあり得ないことを意味しています。そういう意味で、未来が決まっていないのです。どの道を選ぶかによって、たどり着く結果は一緒でも、おのおのの道から与えられる障害や喜び、困難などの度合いが違ってくるのです。まっすぐな道もあれば、大きくカーブしている道などいろいろあります。しかし、最終的には大きな課題として定められた目標に到達しなければいけません。

まずはこれらをしっかりと頭に入れておいてください。

自分で選択する

あなたたちの今まで歩んできた道、またこれから歩む道もすべては「自己の選択」によって成り立っているということを忘れないでください。

今まで過去に行ってきたことの過程や結果は、自らが選んだものとして受け止めることと、さらに未来において、この「選択できる」という点を多方面から理解し、それを上手に利用することができれば、自分自身にとって悔いのない人生を送れることでしょう。

よく「こういう環境が悪い」「あの人のせいでこんなふうになった」と誰もが一瞬でも考えたことがあるのではないでしょうか？

こういう考え方をしたことは過去、現在のことなのですから、恥ずかしがる必要もないし、後悔することでもありません。勘違いや間違いは誰にでもあり、自分自身にも他人にもあります。ただ、認識しておいてほしいことは、結果がどうであれ、そういった状況を選択したのは、自分自身だということです。

まず過去です。過去を振り返った時に、苦渋の選択といえる状況であっても、けっきょくはその一つの事柄や状況に対して選択したのは自分にほかならないということを絶対に忘れないでください。

人のせいにしている人の中には「仕方がなかった」「私のせいではない」などという声も聞こえてきそうですが、本当に微塵も選択肢がなかったなどと言える人がどれくらいいるでしょうか？

物事を「肯定する」という選択肢の反対は「否定する」ということです。物事には必ず最低でも二通りの選択肢が存在します。あなたにとってその出来事が肯定せざるを得ないものでも否定という選択肢も同等にあなたの前に存在します。

選べないのではなく、あなたが選ばなかったのです。それはいろいろ理由があるでしょう。肯定しなければ仲間に入れてもらえない、大多数の意見に従う方が楽、権力ある者につきたいなど。

しかし、それは理由にはなりません。自分自身で「選べない」という高い壁をつくっているだけで、選ぶという行動をしようと思えばできたはずです。あなたが自分の意志に背いただけに過ぎません。

妥協でも何でもあなたがそれを選んだ、ということに変わりはありません。選択の答えが「イエス」か「ノー」か、そういった些細な選択を促す質問もすべてはあなたたちが選んできたのです。そして、その選択に至るまでの思考もあなたたち自身が決断してきたことなのです。

正直者はバカをみる?

選択する時にはだいたい「イエス」と言うほうが楽だと思います。しかし、自分の考えが「ノー」だと思う場合には苦渋の選択であり、他者から反感をかっても絶対にその考えを覆してほしくないのです。

日本には「正直者はバカをみる」という言葉があったと思いますが、なぜこんな言葉が出てきたのか私はいささか疑問に思うとともに、できればなくしてほしい言葉です。

正直者は正直であるがゆえにその一瞬を見れば他者からバカだと思われたり、損をした気分になったり、そう見えたりするのでしょう。

しかし、魂の面においては他者ではなく自分自身に正直であり続ける者には、自分の意志に忠実に選択をした者への神からの審判は非常に評価が高いのです。

また、このような人間にこそ天界の住人は手を差しのべやすいのです。そしてさらにいえば、この物質世界において自分自身が生きやすくなり、苦しみから解放されたり、人によっては自身の進むべき道筋がはっきりと見えたりすることもあるのです。

なぜなら、「他人はどう思うかわからないけれど、私自身は絶対こちらの方が正しいと思う」というそういった信念が確立されているからです。

よく、人には到底相談できないと思っていることを少し口にしたり、自分の罪悪感や負の感情を吐き出したりすることによりすっきりするのは、このためではないかといわれています。

私の見解では、こうしたことが口を伝わり、漏れ出すことにより、自分にとっての雑念を内に溜め込まないで外に出す。この行為により自身の中に否定的だった感情がなくなる。つまり内面が自分自身の感情、考え方のみの状態に戻り、落ち着くのではないかという考え方があります。またその結果、自分のいるべき道に戻ることができます。

中庸を保つこと

バカをみるという言葉を使わせてもらえば、バカをみる確率はみんな同じです。

また、バカにされたことがないという人も、きっとその現場を知らないだけで、違った辱めを受けているのかも知れません。

他人から嫌悪感を抱くようなことを言われたり、態度に出されたりすることはみな共通してあることです。

これは本当のことです。人間社会は狭い世界であると言いました。そして自分のまわりの環境はさらに狭いとも。その中ですらも好き嫌いは起こり得ることですし、実際にあるものだと思います。

いくら少人数でも、これくらいの人たち全員に好かれたいと思っていても、物質世界だけのうわべのつき合いと、努力だけで解決できることではないでしょう。

人間社会においてこの好き嫌いが最も難関です。それはある人がある人を好きな場合はかまわないでしょうが、嫌いな理由ともなれば、物質世界の話だけで納得できるものかどうかはいささか疑問だからです。

また、逆に好意を抱いている人間に裏切られたという感情を絶対に持たないという保証もあり得ません。ですから、人間関係においてはあまり過敏にならないで、自分の姿勢は中庸を保つことが良いのではないでしょうか。

自分の思考以外のところでどうすることもできないような問題があったとしても、あなたの選択肢が他人よりも少ないというわけでもなく、恵まれていないというわけでもなく、落ち込む必要もないのです。

選択肢に優劣はなく差もありません。しかし、選択肢の数の問題では多い人も少ない人もいます。それは、魂が達成する課題がそれぞれ違うので、それに対する選択肢も人それぞれ違います。しかし、全員に「選択できる」という権利は与えられているので、そういった意味ではみな平等です。

少ないといっても否定的な考え方ではなく、その人間に合った数の選択肢が与えられているので、多ければよいというものでもないのです。

未来の選択権は自分自身にある

一つ選んだら、また一つ自らの選択を迫られるでしょう。私はあなたたちに自分ではどうすることもできない選択肢をどうにかしなさいと言っているのではなく、今回はたとえ仕方なくこちらを歩むことにするが、次はこちらに行ってみようといった自分が納得できる選択肢を選べる機会は必ずあるということを教えているのです。

ある時期に、自分が思う正しい選択ができないからといってそこで終わりではなく、遠回りした末に、また同じ選択に迫られる場合もあるのです。それはあなたが必ず達成しな

郵便はがき

50円切手を
お貼りください

113-0033

東京都文京区本郷4丁目1番14号

太陽出版　行

［愛読者カード］（このカードは今後の小社出版物の参考とさせていただきます）

●お買いあげいただいた本のタイトル

（　　　　　　　　　　　　　　　　　　　　　　）

●お買い求めの書店（市・町名も）

書店

●本書を何でお知りになりましたか

新聞・雑誌・書店の店頭・ひとから聞いて

その他（　　　　　　　　　　　　　　　　　　　）

ご協力ありがとうございました

◎本書についてお気付きの点・ご感想・ご要望があればお書き下さい

※今後、小社出版物のご案内をさせていただく場合がございます

ご住所　〒	TEL
ご芳名	（性別　男・女　／　　歳）

当社の出版案内をご覧になりまして、ご購入希望の書籍がございましたら下記へご記入下さい

購入申込書		
書名	定価￥	部数　　部
書名	定価￥	部数　　部
書名	定価￥	部数　　部

ければいけない課題です。何年後かに思い出したように似たような、もしくはずばり同様の選択肢が目の前に現れたという方もいると思いますが、それはこうした理由によるものです。

選択は何も差し迫られたものでもありません。今の瞬間も私たちは選択しているのです。掃除をするか、洗濯をするか、勉強するのか、遊ぶのか、人間の行動はすべて自分で選択できるのです。そして、それによりうまくいった結果もそうでない結果も選択した責任は自分自身にあり、他人のせいではないのです。これを過去の失敗や後悔にとらわれて未来をあきらめることは愚かな行為です。

はじめにも言いましたが、過去と今に見える現在。現在もいま過ぎているという観点から見れば過去です。それらではなく、未来に目を向けると何が変わるのか？　もちろん自分で選択できることと、何気なく選択してきた事柄を見つめ直し、選択するという行為を強調することで、未来は選べるということです。

物質世界でいわれている損得ではなく、自分にとって質の良い選択を心がけてください。この中には苦しいものも含まれます。時にはあらゆる形で邪魔も入ったりするでしょう。また、どうしようもない、一つの選択肢しか選べないと思う時もあるかもしれません。それでも次から次へと選択肢が目の前に迫り、それに対処していかなければいけないのです。

選択という行為は、自己を奮い立たせ、自分のためにもさらには他人のためにもなるように歩むことをも学びとする一つの手段かもしれません。

巡り巡ってまた同じ選択肢を与えられることが何度もある場合があります。それは、何度逃しても、必ずあなたが選ばなければいけない事柄なら、また必ず選択肢の中に入ってきます。自分が選べる時に選べばよいのです。死ぬまで時間が存在します。

執拗に焦ったり、ここでつかんでおきたいなどと決して思わないこと。何度も言います。過去のすでに過ぎ去った選択にとらわれるのではなく、未来において何を選択するのか、自分にとって良い選択ができるように「選択できる」ということを意識しましょう。

逃げだと自分自身が思う選択肢が目の前にぶら下がっても自分の感情をたいせつにし、その選択肢を選んだ先に困難が待っていても、必ずそれを自分で選んでください。

もしそこで逃げても、今度は選択肢のほうからあなたに執拗に働きかけてきます。ぜひ、未来においての「選択できる」という意志を実感してください。

第6章　宗教

宗教の変遷

宗教というものがなぜできたのか、その背景からお話ししましょう。

宗教は、はじめのうちは同じ志を持つ集団が一つの正しいと思える信念に向かって歩み続けようということでつくり上げたものです。今のように大々的な「宗教団体」というよりも、お互い顔見知りで、自己とは異なるさまざまな他者の意見をも踏まえたうえで成り立っている「結社」に近い存在でした。

現在ではグループという名に近い、本当に小さな集団に過ぎませんでした。

実際、本当に初期の頃は宗教などという位置づけはなく、お互い意見を言い合い、自国の発展と自分自身の成長を目指し、「戦うべきは他人ではなく己自身にある」という定義のもとに存在していました。

ところが、一人の者を師として崇め、その者の考えを基準として生活し、その者を信仰しようとする人たちが現れました。

もちろん信仰の対象になっている者は、現在の宗教といえるものの中で最高位にいる者のことです。

現在の宗教はけっきょく、人間がつくり出したものに過ぎないのかと言われればそうです。人間が人間を統率することは決してできません。同じ未熟である人間同士がどちらが優れていて、どちらが劣っているかなど比べること自体、おかしな話です。

なぜなら、あなたたちは唯一無二の存在であり、スタートラインから走る速さもレーンまで異なるからです。すべてはここから間違っていました。

過去から現在においても間違っていると思われる人間の言うことが、そしてその存在自体が、未来や来世のあなたに何らかの影響を与えています。神も間違えることがあり、あなたたち人間の中にも、物質世界を平和に築き上げようとする人間もいれば、反対に何か問題を起こそうと考える者もいるのです。

間違った方向に進んだ宗教

しかし、反逆児がいるからこそ、人間は何かの物事を解決するように試行錯誤し、それに向けて互いに協力するのです。そして、物質世界にいるすべての人間の協力により、物質世界に良い結果を導くのです。

特定の誰かの意見や方針に従わない者を排除するだけの組織だけでは、新しい世代を超えるにつれて、こうした問題を解決することが難しくなってきます。それゆえに、さらに平和への道筋は遠のくでしょう。

時代が進みさまざまな分野において最先端の技術が発達すれば、それだけ抱える問題も大きくなり、解決しなければいけない事柄が増えます。平行して人間関係も複雑になり、その中でいろいろな意見を持つ者が多くなります。

また、時には誤った方向の意見に翻弄され、人類全体、もしくは人間以外の生物へ影響を与えることもあります。生物から人間への影響もあります。

私は、これはこれで結果として今の形の宗教になるためには通らなければいけない過程であったと思います。この宗教に何らかの自己の居場所を見つけている人のためにも役立っているはずです。

ここでもう一つ重要なのは、同じ志ではなく、同じ意見を持つ者が孤立していて、それぞれの意見を持ち合わせている者同士から、ただの意見を合わせる者同士に変わってしまったことです。

具体的にいうと、だんだんと結社の形式が変化していき、一人が皆と違う意見を言うのは怖く、自己を成長させるはずの結社が、けっきょくは他者と同じ価値観を持っていなければ不安になる。つまり、結論としては間違った進化をしたのです。

さらにこの延長の果てに誰か一人リーダーとなる存在を決め、この存在を神であるとしました。この人の言っていることに従えばみな怖くない、そして自らも自己の意見を考えなくてもすむし、多数が集まることで自分を成長させた気でいる。自分が大きくなったつもりでいる。萎縮しているまわりの人間を見て自分から強さを発揮しているものと勘違いすること、などが結社を間違った方向に運んでしまいました。

これが現在の宗教の原形です。正しい結社からの成長ではなく、結社の悪い面の進行の果てに行き着いた先が宗教の原形です。

はじめは何名かのいろいろな才能を持った者同士で意見を交換し、時には物質世界の人のあり方、自然から湧き上がる水や火の専門家などが意見を交換し合う場でした。それが現在の宗教と呼ばれるようになったのは、師と呼ばれるものの死後数百年経ってからなのです。

イエス・キリスト

イエス・キリストと聞いて皆さんはまず何を想像するのでしょうか？　確かにあなたたちから見ればキリスト教というものはいまや世界的な大宗教とはいえ、身近なものであることは決してないでしょう。むしろ嫌悪感を覚える方も少なくないのではないかと思います。

しかし、ここで明らかにしなければいけないことは、イエス・キリストは確かに「神から送り込まれた使徒である」と言っても過言ではありません。実際に現在も宗教を問わず世界各地で数多くの人間を助けています。

それ以上にイエスも一人の人間であり、そのうえで仲間とともに自らの意見を述べ、自己成長やその国の発展と、後世に渡るであろうあなたたちの生活を見据える話し合いの場を構えたのです。それが結社であり、宗教の前身の形です。

もう少し時代をさかのぼりましょう。イエス・キリストがこの世に生を受けました。もちろん人間としてです。ここから勘違いしている人も少なくないのではないかと思います。

物質世界に生を受ける者は、生物や自然はひとまず除いて、みな人間であるとともに、その者がたとえ人とはまったく違うものを神から与えられたように見えても、何らかの課題を持ち、そしてあらゆる経験をし、いずれは課題を達成するという「学ぶべき人間」に過ぎないのです。

イエスも例外ではなく、もちろんあなたたちと同じような人間でした。こういう話を聞いたことがありませんか?

ある家で生まれたばかりの男の子が病気になりました。たまたま近くを仲間と一緒に通ったイエスに向かってその子の母親はこう言いました。「あんた、救世主なんでしょう？だったら、うちの息子を助けてちょうだい！」

イエスはその母親の家に上がり、その子どもを真上から見て、念を送り、体をさすり、なんとか助けようと必死で三日間介護しました。

しかし四日目の朝、介護は空しくも無駄に終わり、その男の子は死に、イエスは救世主ではなかったと罵倒され、非難されるようになったのです。

これは、イエスが人間であることの証明です。一人の人間が同じ時代を生きている人間を全員救えるはずがありません。イエスもこの時は自分を神の使いであり救世主であると信じていました。しかし、この一件で自分には人を助けることができなかった、そのような力がなかったのだと痛感させられたのです。

神は自分自身の中にある

これは非常に重要です。もちろんイエスだけではなく、皆さんにとってもこのことを認識するのは重要なことです。

できることというものは人間難なく受け入れますし、受け入れやすいのです。しかし、できないことはなかなか受け入れられないどころか、立ち止まってできないことを見ようともしないのです。

今はイエスの物語として、他人事として読まれていると思いますが、こういったことは少し機転をきかせて考えれば、あなたたちにも当てはまることなのです。

イエス・キリストについてはイエスの死後、他者を救った数々の業績を巧みに操り、イエスを神に仕立て上げようとした人間がいたのは事実であり、実際にキリスト教の歴史はそこから暗闇の中に入ってしまいました。

今のキリスト教は時代とともにさらに大々的なものになっているでしょうが、それは本当にイエスが望んだことでしょうか？

私は違うと思います。イエスは確かに神からの仕事も人間として行っていました。宗教というくくりで分けている人にとっては非常に残念な話ですが、現在、イエスはキリスト教の信者だけではなく、その他あらゆる国の大勢の人間を日々何らかの形で助けています。イエスに限らず、他の師たちも宗教を気にしている者など一人もいないのです。

そこを勘違いしてはいけません。

イエスは生前に同じ時代を生きた人間にこう言いました。「一人一人が自分の世界（宗教）を持っている。そして、尊敬すべき対象が師であると思っているなら、あなたたち自身がその対象である」

自分の中に自分だけの世界が必ずあります。それは他者と交わっても他者が決して踏み込むことのできないあなただけの領域です。人間は皆これに気づいています。簡単にいえば、寂しさや大勢の中にいても孤独を感じることです。神は見えないものではなく、自分自身の中にあります。自分自身が神なのです。

こう考えれば、宗教はこの物質世界には存在しないでしょう。

宗教というくくりで物事を判断するのではなく、イエスがこの世に残した彼なりの生き方や人生の導き方の方法に共感するなら、そこに隔てる壁や制限はありません。

本末転倒の結果

ここからは物質世界の話として、宗教を肯定して話を進めます。

現在のすべての宗教には、宗教の教えが皆さんの信仰の元である人物の信念とはかけ離れたものであり、信仰の形すら残っていない場合があります。

この意味は、まず第一に師である人間の死後に宗教が師以外の人間の手によって出来上がったことがあげられます。

どんなに師を崇めようとも、あなたたちが持っている魂の根底、つまり自分の正しいと思っている信念に従うことは変わらず、そして何よりも、偉大なる師といわれている方々は、確かに自らの意見を述べ、何らかの教えを説いたかもしれません。

しかし、「私のもとに跪《ひざまず》き、私自身を崇めよ。私の教えを実践しなさい」とは言っていないのではないでしょうか。師自身の意見のみが正しいとは伝えていないと思いますし、自らを後世に渡り崇めさせることも望んでいないと思います。

どの宗教の頭として崇められている師も、師の考えや訴えを通してあなたの考えの根拠となるもの、または自身の魂の信念に従うための過程においてあなたたちを勇気づけることを願っているだけです。

先人に対して信仰心を持つことは確かにすばらしいことですが、自らを見失う信仰は本末転倒の結果に終わるのではないでしょうか。

この本末転倒とは、自らを善き人間にしようと一生懸命師の教えを解釈し、師と同じような人生を歩もうと実践し、自らを成長させようと思うことが、他人である師の人生に重きを置いた師の生き方に従うことで自分の人生を全うすることができない。そのため、本来のあなたたちの姿である魂は、自己の肉体の中に居場所を見いだせず、自分自身を見失う。これが本末転倒という意味です。

自分が発した言葉の意味を理解できない。これはうわべだけで話していてそこに魂が介入されていないため、一度自分が発した言葉も覚えていない。そしてすべてを物質世界の物やプライドで固めるようになり、自分自身に対してのぶれがかなり生じるようになることが一部としてあげられます。簡単にいうと、自分自身で何をし、何を言っているのかよくわからなくなり、けっきょくは自己の魂がないがしろにされるのです。

どれほど宗教に厚く信仰心を持ち、身を捧げても師には届いておらず、何より、自己以外に己以外の信念や信頼を向けることを師が望むことは決してないのです。

師はあなたたちに何を望むのか?

私は宗教の解釈を、以下のように考えています。

「宗教というくくりで囲われたものは本来存在せず、もし仮に存在するのだとしたら、それぞれが自己を師とした宗教を自分の中に持っているのではないだろうか。そして、尊敬すべきは自分自身であり、また尊敬という言葉を持たなくとも、あなたが師に描いている、信じている事柄を自分の中で確固たるものにするのは自分自身であるのを知るのです。そうなれば、あなたたち一人一人が師であり、あなたの上にも下にも存在する人も、物も何もないということです」

イエスももちろんこの考え方を尊ばれ、自らが大多数の者を現代のような形で魅了するとは思ってもみなかったことでしょう。イエスの説く愛の力は万物すべてが対象です。

それは愛し方として人びとの支持を得たかもしれません。しかし、イエスの指示通りに事を運ぶのではなく、おのおの他人に対して、自分に対しての愛し方が必ず存在するのです。

イエスが説いた愛もあなた自身の「愛」の基準に当てはめ、新たに生み出すことができるのです。これは愛だけではなく、すべての起こり得る事柄に対して同じことがいえます。また、これを考える基準や人びとにはもちろん優劣や差はありません。

宗教は違った側面から見れば、あなたたちが最も理解しやすい言葉で表すのであれば、文化の一つとなるのではないでしょうか。宗教も一種の文化に過ぎません。

どの文化が正しく、どの文化が間違っている、劣っているなどと言うことができないのと一緒です。私たちは、このような概念にとらわれず、どの宗教に属していようと、他国籍であろうと、どれだけ物質世界で批判されている人間にも、その一人一人に合った道を照らすことができます。信仰の厚さは関係ありません。

ただし、私は宗教という物質世界の概念自体を批判しているわけでも、今すぐに全員が宗教をやめ、その信仰をも捨ててしまいなさいと言っているわけではありません。

宗教として皆が集まり、たとえばキリスト教であれば、イエスの考え方を学び、自分なりに生かしたいと思う人、ただ単にイエスのたどった道を興味本位で知りたいと思う人もいるでしょう。

そういった人たちに差別をせず、知りたいことを教える形に持っていき、扉を広く開放すれば、もっと宗教も行いやすく近づきやすいものになるのではないかと思います。

そしてもちろん、イエスのたどった道（歴史）をできるだけ詳細に教え、その中から一人一人が自分自身に当てはめて、おのおの道を歩ませることができるようにするのです。決して誰か一人の思うように人を誘導したり、イエスの信念を勝手につくり上げてはいけません。

すべては利用の仕方が問題なのです。皆さんは師に神を見いだすのではなく、自分自身の中に神を見いださなければいけません。イエスの言う「自分自身が師の対象であり自分の宗教に属する」というのはこういうことです。

あなたの信仰している師の言ったであろうことが、もしあなたの意見や考え方と違う場合、師が偉大だからとそれに疑問を持ったことを忘れてただ従うのではなく「私は考え方が違う」とはっきり自分に対して意志表示し、師の見解に賛成しなくてもよいのです。師たちはそれを望んでいるのです。

物質世界で生きたことのある師であればなおさら、自らの考えが他人に投影されて操り人形として動いていることを喜ぶ師はいないはずです。ですから、あなたが師に背くような行動をとり、考え方を持っても、師の人生ではなく、自分自身の人生を生きるのですからそれでよいのです。それに反したからといって師からの天罰はあり得ません。また、極端な信仰がある特定の人物だけを幸せに導くこともないのです。

歴史上で有名な教えを人びとに広め、いま現在も存在している教えもあります。きっとそれを広めた師たちは、あなたたちに自らの見解と教えに対して疑問を投げかけ、それで本当にいいのか、人間がたどるべき道はこうではないのか、と自らが思う教えを説いたに過ぎません。その答えは自分自身の中にあり、師はそこから答えを導き出すことを望んでいます。これを忘れてはいけません。

第7章　水晶

水晶は一人一人の中に存在している

水晶は自然が生み出した産物の中で最も神聖なものであり、自らが水晶に力を託し、水晶からより大きな波動を得ることが最大の強みとなるものです。

あなたたちは、水晶は幸運を招き、癒しの波動が強く、私たちの身に降りかかる災難から守ってくれるものだという見解を持っているのではないでしょうか。

この見解は正しくもあり、幸福に導くまでの「過程」を重要視すれば間違いであるともいえます。

そもそも、私がなぜ数ある自然の産物からこの水晶を選んだのか？　それは水晶というものから何を考えてほしいのかをお話しするためです。

その前に水晶はすでにあなたたち一人一人の中に存在しているということを覚えておいてください。そして、これが自然の産物の中で水晶を重んじる一つの理由ともなります。

水晶は自己の中に存在し、自分自身で操り、波動を強めることも、そして自らの信念に従うことのできる人格を自分の中へ招き入れることもできるのです。

水晶を手に入れただけで、すべてが上手くいくことはなく、もし、あなたにとって幸運と思えることがやってきた場合、それを水晶の力と信じているのなら、それは偶然ではなく自らが働きかけてきた結果の産物ということ。そして、自分には自分を変化させる力が宿っていることを知ってください。これは自分の人生は自分に託されたものであることを知るという意味にも言い換えられます。

水晶をすでにお持ちの人は、これと同じものが自分の中に存在するのだと認識し、水晶と自己をかけ離れた存在として扱うのではなく、自らも水晶に働きかけなければいけません。どちらかがどちらかに頼るということ、そして何もないところから見返りを得ることは期待しないでください。

先ほども言ったように、自己を強く持っている人は、水晶からさらに強い波動を得ることができ、あなたに気づきとなるヒントをもたらしてくれます。水晶に依存するのではなく、自分自身も水晶の中に気持ちを込める力を養うのです。

なぜなら、水晶に働きかけることは、自分自身に働きかけることと同じだからです。水晶という球が自分の中にも存在すると認識できれば、それはたやすく理解できることでしょう。

このような認識により、水晶がいかに重宝されてきたのかがわかるでしょう。自らの心の中にある球と見立て水晶を扱うことは、それを磨き上げることで、いつでも真実を見る、自分や他人の美点を意識する審美眼をさらに磨くことができるようになるのです。

自己の中にある水晶

もう一つ教えなければいけないことは、水晶は持っても持たなくても変わりないということです。なぜなら何度も言うように、すでに自己の中に持っているからです。それは形として意識できるかそうでないかの違いで差はありません。

仮に、水晶を持ったことで幸福を得たという人がいるのなら、嘘だとは言いませんが、解釈が少し違うのではないかと思います。水晶を手に入れたというきっかけが幸福につながったのではなく、手に入れた水晶に自らが何らかの働きかけをした結果、自らが思う幸福を得たのだと思います。

何らかの働きかけというのは、ただ念じるだけではなく、水晶を持ったのだという単なる「喜び」が生んだ結果なのかもしれませんし、水晶を手に入れたことで、自己の道に対してさらなる努力を惜しまないと無意識に誓ったからかもしれません。

幸運を招いたと思えることが自己の幸せの基準と一致しない場合、つまり価値観として幸せと感じない場合は、それは幸福を運んできたとはいえないと思います。

水晶は結果のみを見据えます。たとえ、物質世界において目に見えて不幸な目にあっても、最終的な結果があなたにとって幸せな結果かもしれないのです。

目に見える過程で結果を判断しない

「罪を犯した人が逮捕されました。罪を犯した翌日、この人は水晶を手に入れれば幸運が導けることを聞き、水晶を手に入れ良い結果を導くようにと毎日のように水晶に願いを込めました。そして水晶を持っていることを過信し、その人は罪を働き続けました。水晶を手に入れた一週間後、その人は逮捕されました」

この話であなたたちが感じることは何ですか?
・悪い人が一人でもつかまってよかった。
・まわりの人の被害が少なくなってよかった。
・罪を犯したのだから逮捕されるのは当然。
などいろいろな意見があるでしょう。

しかし、私の見解として言いたいことは二つです。

一つは、けっきょく水晶はその人を願い通り幸福に導いてくれたこと。二つ目は幸運など存在しないということです。

「幸福に導いた」ことは、逮捕ということによってその人は救われました。そしてチャンスを与えられました。「逮捕」などというものは物質世界でいえば最悪の中でも最悪な出来事です。逮捕によりいろいろ奪われます。

しかし、個人的にはもう罪を犯さなくてすむという救いを得たともいえるし、これは再犯という考え方もあれば、犯罪をやめるチャンスということにもなります。どちらにせよ、その人はもう罪を犯さない、自分の悪事を止める幸福を得たのです。願いは聞き入れられました。

物質世界では最悪なことでも、逮捕されずに自らの過ちを自分から科してしまうことは、それ以上に自分自身を傷つけます。罪を犯し捕まらないことが幸福なのではなく、捕まり、自分自身を育むチャンスを与えられたことは紛れもない幸福です。

ずっと捕まらずに、自らが捕まえられることを追い求めてしまうまでになった場合の方が残酷です。

目に見える過程や結果だけで判断してはいけません。これは極端な例かもしれませんが、皆さんにも同様にたとえられることがあると思います。こういった力が水晶に特有の力だといえます。

幸運というものは存在しない

次に「幸運など存在しない」ということについてです。

幸運などという言葉があり続けるなら、あなたたちはこれからもこの言葉を使い続けるでしょうし、それは仕方がないことだと思います。

しかし、残念ながら幸運というものは存在しません。

幸運とは自らが突き進んだ先に自分の手で勝ち取ったものなのです。

幸運とは、どこからかもぐりこんできた、誰かからのプレゼントなどと思われがちですが、長い歳月をかけて、あなたがその幸運だと思った結果にたどり着くまでの苦労や努力の結晶が形となって目の前に現れたのであり、何もないところから出てきたのではありません。

幸運は存在しません。それぞれが自分で行動しつかみ取るものです。

「喜び」は肉体から魂を解放します。

けっきょく、どこにあったかわからないような信じられない奇跡は存在せず、自分自身が気づかなかっただけで、そのようなことが起こり得るヒントは前もってあったのです。

そして、それは魂である自分自身が望んだ結果ともいえます。奇跡は自分が生み出したものです。

確かに自分の気持ちの面でその結果までの早さについて行けるかどうかは別として、自らが望む結果に向けて人間全員が走っているわけですから、それ自体が軌跡を残したととらえることもできるでしょう。

たとえ物質世界ではツキがない、運がなかったという解釈でも、自分の進む道以外をふらふらせず、本当に進むべき道を一本に決めそれを照らしてくれたと思い感謝してください。

何度も言うように、水晶が本当に自分自身にとって最終的に何の学びもなく、何も獲得しない結果を導くことはありません。人間関係でも同様に、断ち切られた人間関係は、あなたにとって魂のレベルで良いものではなかったのでしょう。

そうでなければ、よけいな手ほどきは加えないはずです。あなた自身も心の底ではそれを感じていたのだと思います。ただあなたの脳がそれを拒んでいただけです。

物質世界のありふれた考えにとらわれるのではなく、さらに超越したレベルで最終的に納得のいく結果を導くものが水晶です。ですから水晶を持っただけで幸福は得られず、むしろ自己を見つめるように働きかけられ、結果的に自分自身の魂が納得する結果を導きます。

けっきょく、水晶はおのおのの魂のレベルに応じたものを見せてくれます。自らの肉体に宿る力以上のものを水晶が見せてくれたり、そういった者に新たに強大な力を加えることはいっさいないのです。

最悪だと思える結果やそこまでの過程も、あなたたちの狭い視野ではそう考えざるを得ないかもしれません。でも、もっと視野を広げてまわりを見渡してください。そうすれば自ずと水晶がどういう過程を自分につくり、何を気づかせようとしたのかを結果から過程を振り返ることにより理解することができます。

水晶は、あなたたちが課題を達成するためのきっかけやヒントにしかなり得ません。何度も言いますが、持ち合わせただけでは自分の思う幸せすらも手に入れられない場合があります。しかし、最終的な結果を見据えた場合、または結果から振り返った時に、非常に学ばされたと感じたり、もしくは逆に過程が苦しくとも結果が自分の満足のいくものかもしれないのです。

第8章　物質世界と精神世界の正しい理解

物質世界と精神世界の区別

物質世界と精神世界をきちんと区別し、理解している人間は一人もいないと思いますし、物質世界に下り、学んでいる状態の人間にとってはそのすべてを理解することは非常に難しいと思います。

理由は単に、あなたたちが物質世界で肉体、特に脳を持っていることが主な原因であり、魂の状態であった時の記憶がないからです。

人間としての物質世界的考え方を重んじる脳があることにより、魂の影響を及ぼす範囲が限られているのは確かです。

また、ここで私は精神世界のすべてを理解する必要はまったくないということをあなたたちに言っておきます。

現在、物質世界にいる人間が精神世界すべてを知ったところで、おのおの与えられている課題を達成するヒントにもなりませんし、むしろ知れば知るほど物質世界において人間的に上であるとか、精神世界に近い人間であると思うことは大間違いです。

また、身近に感じない世界全体を知ったつもりになることは、自分自身とはかけ離れることになるので気をつけなければいけません。

あなたたちはこの区別をしなければいけません。精神世界というあなたたち側からいえばわからない世界、私たち天使の側からいえばあらゆる意味で広く、そして奥深くすべてを知ることができない、個人の判断でこうだと決められない世界に一線を引くことが重要です。精神世界に存在するものの中で最も重要視されるのは自分自身の魂のみです。

あなたたちは自分の目に見えているものしか信用しないのと同様に、目に見えない世界は存在せず、その世界の掟に従って過ごしても意味がないし、目に見えて不幸が襲ってくるならいざ知らず、死んでからの「神の審判」など知らないというのが本音でしょう。

「神の審判」という言葉を初めて聞く人もいるかと思いますが、いわゆる肉体が死に、魂のみの状態に戻った後で実際に物質世界に下り、どれくらいその課題を達成しようと努力し取り組んだのかを、精神世界に戻った時、一度審判にかけられます。これが神の審判です。

この時、あなたたちに与えられた課題のヒントになるようなことを学んでこなければ、もう一度やり直しとして魂に刻まれ、達成できた者にはまたその人間の魂がはじめに与えられた大きな目標を達成するための細かな課題を与えられます。

物質世界に依存しない

審判の時に一番恐ろしいことは、物質世界に下りたはいいが、自己の学ぶべき課題を忘れたり、課題に関するすべてを放棄して、物質世界へと依存してしまった者への審判です。物質世界においては「神の審判」は痛くもかゆくもないことかもしれませんが、この種の依存によって自己の魂を無視し続ければ、目に見えて痛みが襲ってくることもあります。先ほども言ったように、神は課題を達成しなくても決して罰を与えません。それまでの過程を考慮し、慈悲のお言葉をかけてくださるかもしれません。

物質世界へ依存している者の例を以下にあげます。

・真剣に人と交友関係を結べず、むしろ人を利用しようとする者。
・幻の権力の上にあぐらをかいている者。
・世間体ばかり気になり、ひたむきに頑張っている人を邪魔する者。
・異常なほど、物質世界に存在する物や人への執着がある者。
・他者の反応や友達がいないことが怖く、素直になれない者。
・自己を何の根拠もなく過大評価する者。

あげればきりがありません。ただ、たいていこのような人間は神からの祝福やお褒めの言葉として良い評価を得ることはありません。

こういった行為は「神の審判」ではこの先何百年、何千年とかけてあなたの魂がこの物質世界に影響を受け、二度と自らの課題を見失うことがないように、さらに厳しい課題を下されることになります。再度、物質世界において生かされることで自分自身が気づくように仕向けられます。

権力のある人間や社会のトップは、あなたたちがつくり出したものであり、それを神がそのままの肩書で認めているわけではありません。過去においてもそうで、たとえば前世で国王である人間が今ホームレスだったら、率直にあなたたちはおかしいと感じませんか?

別におかしくも何ともないのです。物質世界で肩書きのある人間が一生、さらに来世においても肩書きのある人間ではないのです。本質はそこにはありません。

本質は何になったか、もしくは何の賞をもらったのかなど目に見えるものではなく、ある種の状況を与えられたのならその状況の中でどう努力するのか、もしくは自分に合う道を新たに探すのか。そうした過程の努力や苦労をしている時に考えることが本質です。

人間は惑わされやすい生きものです。しかし、魂が存在するわけですから自分で制御できるはずなのです。一度や二度さらに失敗を繰り返しても、自分が正しいと思う方向にレールを向けるのは誰もができることなのです。

精神世界では肩書きは不要

物質世界で得たバッグや、宝石、何かの輝かしい賞、資格、経歴は精神世界まで持っていくことはできません。そして、肩書きとその人間の魂とは一致せず、精神世界まで持っていけるのは自らの魂の課題をその賞なり資格なりを取ろうとした努力により学んだことの一部に過ぎません。

バッグや宝石は論外で、こうした品物もいずれなくなります。形があるものはどういったものであれ、いつかは錆びたり没するのです。あなたたちの肉体も同様です。

物質世界での損得感情は精神世界において比例されるものではありません。たとえば容姿端麗な人間はそうでない人間より良いとされています。しかし、個人の考えにおいてはどうでしょうか？

容姿端麗というその一点だけで得をするというのは考え過ぎでないでしょうか。損得感情はすべての人間、物に平等に与えられているのであり、広い視野を持てば、必ず人間には損と徳どちらも存在するということに気づくでしょう。

財のある者はそれゆえに国など大きなものを動かす影響力があるかもしれませんが、財にばかりとらわれ財の中に自分を築き上げられない人は、信じられない騙され方をし、すべてを失うこともあります。

すべての出来事に複数の考え方があるということ、そして何より今まで述べてきたように、どちらを損とし得として受け取るのかは、個人の考え方次第であるといえます。決してどちらが良いか悪いのかではなく、目に見えない事実としてはこのように動いているということを知っておくとよいかもしれません。

結果や品物よりも過程をだいじにし、努力している間にどういった思いを感じ取ったかに重点を置いてください。

たとえ年齢が同じであろうとも、魂のスタート地点はみな違うのですから、他人に対して憧れを抱いたり、他人になりたいと思う必要はまったくありません。

総理大臣であろうと、物事を動かすのに権力を握る人物であろうと、使いきれないほどの財産を持っていようと、魂がお金を蓄えているわけでも、権力を蓄えているわけでもないのですから。

けっきょく、根底が魂である以上、こうした者の魂は何一つあなたたちと変わりません。そこに変化をつけているのは、物質世界の人と物によって影響され、一生懸命体のまわりにつけている塵のようなものです。権力や財産を盾にして、神の前でそれを見せびらかし「神の審判」を通過することはできないのです。神の前ではおのおのの魂が平等に審判されます。

犯罪者は物質世界では裁きの格好の対象ですが、神の前においては平等であると同時に、罪を犯すことでしか学べない何かもその人間の魂にはあるわけで、そういったことにおいては犯罪者も魂自体が犯罪者ではないのです。

審判の基準は魂が自己の課題を認識し、それを達成できたか、または達成に行きつくまでにどのように努力したのか、どのように取り組んだのかだけが問われます。

現実を厳しくしているのは自分自身

物質世界で生き抜くために魂を知る以外に精神世界のことについてあなたたちの脳や肉体に記憶させておく必要はなく、むしろ自らの課題を見つけることから試行錯誤をしなさいと言われているという考え方もできるでしょう。

記憶があればさらにややこしい道になります。この時代に反映しない物事をすべて覚えていても、今の時代にまったく意味を成しません。確かに培ってきた感情や昔の時代に得意だったことなどは現状においてたやすくできたりするでしょうが、こと細かにすべての年代を記憶していては肉体自体が滅びます。

物質世界はあなたたちにとっては目に見える現実的な世界なのでしょうが、精神世界というのは「苦楽がない一定方向にしか進まない淡々とした世界」なのです。

世間や環境が厳しいのではなく、それを厳しく感じているのは、または厳しくしているのは自分自身です。

世界が人を動かしているのではなく、一つの事柄に対するそれぞれの人間の考え方や思いが流れをつくり、物質世界を動かし、その世界を生きものとして感じているだけなのです。

また、物質世界が貧富の差や優劣を人間に与えることはできません。これは人間同士も同じで絶対的に天才といえる人はいません。

ここで言いたいことは、人間が人間に優劣をつけることが本来できないのは、自己の魂の価値観がそう考えさせるのです。ある人間がその人間を天才だと感じても、またある人間はその人間を天才だと感じないということを言いたいのです。

人間の価値観というものは魂から発せられ、突き詰めていけば、誰ひとり同じ答えになるはずがないのです。それを中途半端に決めたり、他者からすでに決められた選択肢を与えられ、同じ答えに賛同する者が生まれるだけなのです。

物質世界は夢の世界と一緒

こうした例から、世間の流れや情勢などというのは物質世界がつくり出したものではなく、あなたたち人間がつくり出したものなのです。一つにまとまらないのは、魂の数だけ人間がいるからであり、動きや流れが左右されるのは、最も狭められた中で究極の判断をした時に、大多数の人が決めた方向に動いていると判断できるからです。一つの決断に落ち着いても決して全員が満足する結果になりません。

この流れは物質世界がつくっているわけではないので、あなたたちの思考と判断ですぐにでも変えることが可能です。

物質世界はたとえば夢の世界と一緒です。それはどういうことかというと、よくまわりの人から「あの人は現実的だ」という言葉を耳にしても、文法的におかしいと思う人はいないと思います。

しかし、物質世界の出来事に優劣をつけたり、人びとに差をつけるのは、自分自身の事柄に対する価値観が問題です。ということは自分自身をつくっている、起動させている魂が原因ということです。ではその魂はどこからやってきたのか？　というと精神世界からです。けっきょくは結論として魂がいる精神世界の介入があるから、そこにある種の物質世界の流れを感じるのです。

自分たちがつくった流れを物質世界がさもつくり出した流れだと責任を押しつけることもありますが、間違いなくあなたたちが自分たちで試行錯誤した末の結論が今の世界の状態です。

当然、精神世界の介入ですので、あなたたちが思っている物質世界を現実と認識したうえでの答えにはなりません。本来の現実世界とは精神世界のことなのです。

あなたたちが毎日幸せだと感じたり、感じなかったり、災難に遭ったりしているのもすべては物質世界自体の判断ではなく、あなた個人の考えに対する物質世界や脳への働きかけが、気持ちに浮き沈みを持たせたり、行動の幅や言動を制限させているのです。

物質世界も精神世界も誰の味方でもない

これが物質世界、つまり肉体やあなたたちの脳にまで、この気分や考えが達するというのは、何も運が悪いとか良いとかそういうことではなく、自分のやりたいことが思うようにうまくいかなければ「あなた自身の行動を制御させなければいけませんよ」という魂からの合図かもしれません。または道が大きく外れていることにより、これ以上の苦痛を負わせないための警告かもしれません。

自身の思うようにうまくいっている人も、結果がどうであれその過程から学ぶことがあるかもしれません。物質世界が何かを決定したり、人間を動かしたりすることは決してありません。

そういった面においては物質世界も精神世界もはじめから誰の味方でもないのです。物質世界はともかく、精神世界はもっと奥深く厳しく、あなたのまわりにおいて精神世界から物質世界への介入を監視します。

また、時々ふと自分がこの世の人間ではないと感じてまわりを異常に客観視し、大勢の中にいても、孤独を感じる場合があると思います。それは、あなたが一人であるという事実を突きつけているわけではなく、これも精神世界の記憶がふと現れる症状のようなものに過ぎないのです。

精神世界ではあなたたちは孤立し、自己の魂を高めることに専念しています。物質世界において大多数の中にいても、きちんと感じられる方は、孤独を感じるのです。孤独を感じることは物質世界でいえば寂しい人間に当たるかもしれませんが、孤独をきちんと感じ取ることのできる人間はすばらしいのです。

他人の中にいても自己を忘れない

まわりで騒いでいるのに自分だけ取り残された孤独感があるのは少し寂しいかもしれま

せんが、決して悪いことではなく、他者の中にいても自己を忘れないでという魂からのお願いだと思ってください。そして、いつも〝私は孤独だ〟と感じるという方に言いたいことがあります。

私自身は、いくら物質世界に下りたからといって、むやみやたらに他者と関わることに賛成はしていません。なぜなら、脳で考える範囲内のつき合いであれば、それだけずるい考えが働き、物質世界の数多くの他者の思考に沿って生きようと思ったり、寂しさに負けて、より多くの重要ではない人間関係を築いたりすることは無意味に近いものが多いからです。

これで痛い目をみて揉まれながら学ぶという方法もありますが、避けられるものははじめから避けたほうがよいのです。

確かに人と関わり合うことが苦手な人間は社会から疎まれやすいでしょう。でも私たちはその姿勢を支持しています。これをまず認識してください。それに、せっかくまわりに自己を妨害する人間がいないのですから、思う存分自分自身の魂とコンタクトを取り、自己の課題、目標への到達に専念してください。

そういった人たちには必要なものが、難なく絶妙なタイミングで与えられます。それを受け取り、また自己の魂の向上を図ればよいのです。物質世界で正しいことだといつの間にか決めつけられている出来事が自分に当てはまるとは限らないのです。

私がかわいそうだと思う人間は、自分を素直に見ることができない、自分自身に対してこれが欠点だということを認めることができない人間です。こういう人間は友達の多さを重視し自慢する人間よりよっぽどかわいそうです。

その理由は、自分を完全に理解することができず、知らないうちに物質世界において自分自身に対してみじめな思い、やり場のない気持ちが募るだけだからです。

自己の存在価値を他人に認めさせるのは無意味

他人の期待に添おうとしたり、他者がつくり上げた架空の自分になろうとすることに一生懸命になっている人、そうしたことばかりに努力する人間も同様にみじめです。

こちらの方がその人自身のことを考えると、自分自身をたいせつにできていないといえます。人間みな自分が一番たいせつです。愛する人のほうがたいせつだという人もいるかもしれませんが、その人に愛情を注ぐことで自分自身を育んでいるととらえることができれば、自分をたいせつにしていることと一緒です。

世間体や必要のないプライドに取りつかれてしまう人がいます。このような人は、自己が世間の考えと歩調を合わせなければ何が自分にとって必要か、だいじであるかということとに目を向けようとしません。他者の操り人形になり、一時も自己の感情を出せず、それでよいと思っている人間は、どんどん自分を見失っていき、物質世界でいう奇行に走ります。そうしたのは自分自身であり、同情の余地はまったくありません。

自己の存在価値や、行動を他人に認めさせようとする行為もまったく無意味なのです。周囲の人間は、物質世界において一時的に褒めるのでしょうが、そんなことを肉体が死んでも覚えている魂はないのです。覚えているのは自己に関する事柄のみです。

人に自分の存在価値を認めさせたければ、その人間の価値観に従わなければとうてい無理です。価値観のいくつかを共有し、他者と同じであると思っても、人間が違えば価値観も比例してすべてが同じとはいえません。ある部分だけ他人に認めてもらいたいと思う人も、そのある部分は他人に認めさせるのではなく、自分で自分を認めるものでなければ学びとはいえないでしょう。

こういった現象を勘違いし、物質世界つまりあなたたちの今いる世界ですべてが決まると思ってはいけません。物質世界で自己の限界は図れず、ただ一つ言えるのは名前のついた肉体がいずれ死ぬという事実だけです。

名前が変わってもあなたは生き続けます。肉体を持っていなくても死んだことにはならないのです。

ですから「これで私の人生が決まる」とか「人の意見と合わせて基準をそこに置けば完璧」などと思っている人は、自分の魂に従えずに痛い目にあうでしょう。ということは精神世界に存在している魂は物質世界にも個々の肉体に反映されるので、物質世界において、つまりあなたたちの日常生活においても、満足できる幸福をきちんと感じられることはいっさいなくなるかもしれないのです。

魂は精神世界では何も学べない

そして物質世界は自己の見方によって変化するので、この世界だけで得るもの、失うものはありません。それは審判基準がないからです。確かに法律という名のルールは存在しますが、そこには多数の穴が空いていて確固たるものではありません。そのうえ審判を下すのは、いくら法律の勉強をしたとはいえ、魂が未熟な人間に過ぎず、審判を行う者によっては結果が覆ること、本心を裁けないことなどがあります。

肉体を持つ人間として、その人間の行った行為を、同じ人間がつくり出したルールに一生懸命当てはめて考えて結論を出すことは、昔から決まっていることですので仕方がないでしょう。

それでもいま一つ、これに意見を言わざるを得ないところは、魂が肉体から離れれば、物質世界で裁かれたことなど関係ありません。本当の意味でその魂が永遠に続く限り一生残る罰を与えたり、それにより新たなる課題を魂に刻むことができるのは、神がいる精神世界に委ねられるのです。

精神世界で魂だけのあなたたちでは学べないことを、肉体を与えてもらうことによって学ばせてもらっているのです。そう考えると肉体を持っているあなたたちは自分自身であり、自分自身でないともいえるのです。

脳を含む肉体の面からいえば、よく恥をかく、みっともないといった世間体を考えると思いますが、そういった思考は否定すべき対象です。確かに、ある程度の他人に迷惑にならないような羞恥心は必要かもしれませんが、あくまでも羞恥のレベルであり、異常なほどの世間体を気にする行為は自分を殺してしまうので、物質世界に存在する意味が皆無となります。

もっと突き詰めれば、人に迷惑をかけないようにと言いますが、迷惑の基準もそれぞれ違うので一概に何が迷惑であると断定できません。もう一つ言いたいのは迷惑と思われる行為をかけられることによって、またさらに物質世界としての課題を切りひらけるかもしれないのです。

ゴミを捨てる行為も、初めてそれだけを見れば何とも思わないでしょう。ただそのゴミが道端にたまっていくという不快な行為、そして人間が困ることにより捨てないほうがよいという選択肢を導くことができるのです。

迷惑だと思われる行為をする人間もいることにより、自他共に広い範囲で何らかのその物事に対する解決を図ること、考えることができるのです。

魂のレベルを上げる

世間体を考えることは、魂に従い行動しようとする事柄に悪影響を与えます。人目を気にして恥ずかしがったり、他人から恥ずかしい目にあわされても、悪口を言われても、それらのすべての批判、中傷は同じ肉体を持って集まった人間同士の間でしか通用しないものであり、取るに足らないことなのです。

本来の崇高なあなたたちには何の影響も与えません。それよりも相手を脳だけで考えた幼稚な言葉で罵ったり、他人を笑い者にしている人間のほうがかわいそうです。彼らは本来の自己に出会えないどころか、物質世界において精神世界の介入により、気づきを得るためのさらなる厳しい学びが待っています。いずれはみな肉体を離れる、つまりは一応死にます。どういった形であれ、精神世界に戻るのです。魂だけの存在に戻った時に、他の魂をバカにしたり、自分よりも低い地位と決める優劣をつけたり、誰かとつるんだりすることはできません。

魂は自己の成長のみを追い求めます。魂の存在だけである本来のあなたたちは、いかにして自己の魂のレベルを上げるのかに没頭しているのです。それを考えれば、物がある物質世界は、どんな国であれ魅力の対象です。

しかし、それが必ずしも精神世界につながっているのではないことをぜひ理解してください。肉体は自分のものではなく、ただの着ぐるみに過ぎません。魂が本来のあなたたちであることを理解することが難しいように、脳で思考できることや、〇歳から、もしくはそれよりも後の年齢からしか記憶がないとなれば、自分は一人であり、肉体自体が生まれ変わっているのだと結論づけることも理解できなくはありません。

精神世界の介入は避けられない

これは、あなたたちが見ている物質世界が不安定だということが原因です。一歩間違えば人間に悪影響を与えてしまうと思うこともあります。それでも物質世界でなければ学べないことがあるわけですから、あなたたちの考えも、その重要性もわかっています。

それでもなお、あらゆるところで精神世界の介入は避けられません。そうでなければ、物質世界にいる意味がないからです。人が存在することにおいて意味のないことはないといいますが、精神世界の考えでは、学びを終え、物質世界にいることが必要なくなった魂は間違いなく精神世界に戻ります。

　こういったことを信じる、信じないというレベルの話ではありません。私の話を否定することは、精神世界の考え、または精神世界そのものを否定することになります。あなたたちの魂はその精神世界から来ているわけですから、けっきょく自分自身を否定することになるのです。

　物質世界ではもう十分にいろいろなものを目にし、それに慣れたことと思います。ぜひこの精神世界的理念である「物」が一つもなく、他者とも関わりを交えずにひたすら魂に刻み込まれた物質世界で重要だと判断された出来事や魂の課題、もしくはそのレベルの考え方を整理し、次に生まれることを許可される日々を待ち続けることを想像してみてください。

　静けさが漂い、宇宙の神秘、つまり物質世界など足元にも及ばない一つ一つの魂の信念や考えをすべて包み込み、そして必要なときはエネルギーを与える。魂は上も下も優劣はつかず、お互いのおせっかいな干渉、そして批判することなく個々が孤立し漂っているのです。

　批判し合うことは物事の解決になりません。批判はけっきょくお互いが歩み寄ったり、妥協しない限り、平行線をたどります。相手が好きなことを言っているから、自分も好きなことを言う。これはかまいません。

しかし、相手を自分の意見に同意させることはできません。正当な批判というものは存在しません。あなたにとっては正しくとも、相手にとってはそれは正当な批判ではないからです。あなたにとっては信じられない発言をする人もいるかもしれませんが、そういった人がいるのはまず事実であり、その人に同意する人も数の大小はわかりませんがいるのです。

自分を批判したから相手がおかしい。そう思うのは結構です。しかし、批判という名で相手を自分の懐に入れることはできないのです。批判することで相手をねじ伏せ、自分が正しいと思わせることはできません。

その意味では物質世界は非常に騒々しく、あることないことを脳で考えただけの噂が飛び交い、自らの信念に従って生きている人は色眼鏡で見られるという、扱いようによっては生きづらい世界です。

しかし物質世界においてやはり良い面もあるのです。それはあらゆるものがあふれ、いろいろな場所に行って楽しむことができ、好き嫌いをなくせば、他者の魂と直接コミュニケーションをとることができます。

精神世界では不可能なその人自身の考えや、今までの魂に刻み込まれた歴史、その歴史のうえで自らが成し遂げてきたことを話し、感情を共有することもできるのです。また、それをもとに現世では、何かを他人に教えることや相互にそれぞれの課題の達成へのヒントを差し出すこともあります。

精神世界は甘くない

一人一人の魂が違うということは、それぞれ経験してきた時代も国も違うのです。現在の物質世界で有名になったり、注目されている人間だけが特別な能力を持たされているわけではなく、あなたたち一人一人に特別な力や能力が備わっているのです。

何もできないと考えたり、思ったりすることは、自らをあまりに知らないからです。自分を知ることにより、物質世界に依存された考えから解き放たれ、自己にとってすばらしい力を見つけることができます。こうした良いところも物質世界には確かにあります。

ただし、先ほども言ったように物質世界だけで判断したり、決定したりということはないので、生まれた時代や環境が悪いということは決してありません。たとえ、物質世界で他者に対して善い行いをしたとしても、それが自分自身の幸福につながるとは言いきれません。またこの善い行いというものによりすべての課題が免除されたりすることは絶対にあり得ません。

正しいこと、間違っていることなどははじめからないのです。皆さんが正しいと判断することは自分の価値基準で正しいと判断するからで、そのことに正解も不正解もありません。

その延長線上の物質世界で起こる出来事は、私はあの人と考えが合わない、生理的に受けつけないとなるだけで、どちらが正解であるということはいえないのです。

「善悪の判断ができていない」「善悪の判断をきちんとしましょう」などという言葉がありますが、何をもって善悪の判断なのでしょうか?

自己のことに対する善悪の指導ならまだしも、たとえばマナー、常識などと題して、一人の考え方を他人に押しつける善悪の判断はそれに従う必要はないですし、そういった意味でトップに立つ人間はいません。

一つの当然である、常識であるといった事柄も、他者には常識として通用しないかもしれません。諸外国で自分の考え方が通用しないのと同じように、同じ国の人間でも、一つの常識といわれる事柄が、万人に当てはまるものでもありませんし、皆がまねすべきものでもないのです。

精神世界に安らぎや自分が依存するくらいの優しさを求めていた方々は、精神世界を残酷だと考えるかもしれませんが、そうではありません。残酷ではなく事実です。事実はありのままに見据えなければいけません。それを厳しいと思うのはあなたが物質世界に依存し、執着しているためです。

本当に魂の望むことがわかれば、厳しいというよりも、反対に落ち着いて、まわりを気にすることなく、自己の課題に立ち向かえると思います。あなたたちは、精神世界は優しい世界だと勝手に想像し、勘違いしているに過ぎないのです。

精神世界に安易な自分本位の安らぎを見出そうとしても無駄で、精神世界が本来の現実なのですから、あなたたちが肉体を持ってから成長させてきた甘い考えを誘発する可能性のある存在に頼るよりも、自己がいろいろ経験してきた、時代を超えて目で見てきたものを刻み込んだ魂こそが信用するのに値する唯一のものだと思います。

両方の世界が一つになることであなたたちは学び、精神世界の一部である魂の中で整理し、熟成を図るのです。

どちらか一方に依存しすぎずに中庸を保ち、使い分けができれば、そして精神世界の一部である魂の介入をもっと許すことができれば、あなたの人生は悩むべきものではなく、見通しが立つものとして目の前に現れます。

第9章　人間

人間が創られる意味と人間のあり方

人間の先祖と聞いて誰を想像しますか？

それは、アダムとイブです。

いろいろな異説があり、今となっては誰も証明することはできません。

それは、一つにこの人間は完璧ではなく、何より今あなたたちのいる物質世界で起こった話ではないからです。

アダムとイブは実際、私の目から見て魂を持っていないロボットに近かったのです。神により操られ、神により命を受け行動している実験材料でした。もちろんあなたたち人間を創る過程としてです。

本当のところ神はもっと長い歳月をかけて完璧な人間を育てようと思っていました。しかし、アダムとイブの神への裏切りにより、完璧な人間を育てる過程が絶たれてしまったのです。

しかし、これにより魂をつくり上げ、神自身の後継者ともなる人間であるアダムとイブを下した世界を持続させ、そこを新たな楽園として築けるように、現在の人間を創り出したともいわれています。神の御意志として私が理解できるのはここまでです。

そしてさらなる解釈として、神のすべての意向により世界全体が動いていると考えるのには疑問が残ることもあげられます。

この世界はまだあなたたちのいる物質世界の話ではなく、宇宙空間さらには精神世界の中でもさらに上の、神が支配する領域で行われていました。

神への裏切りとは神が直接与えたものではない知恵を持ってしまったことです。神の言うことを聞かなくなり、操ることができなくなってしまったのです。

しかし、この過程で神は自らが創り出した自然のエネルギーを込めようと思ったのです。これはアダムとイブが裏切り行為をする以前からずっと考えられていたことであり、神はアダムとイブの存在をこの先どうしようかと思っていたところでした。

そしてアダムとイブという名ではなく、神は自然から蓄えられたエネルギーを機動力とした体を創り宇宙空間よりさらに下に楽園を創り、そこに人間という形で下ろしたのです。

物質世界に下ろされた人間

今あなたたちのいる物質世界に下ろされてから間もなく、アダムとイブの体の中に変化が起きました。自分の持っている体が言うことを聞かないのです。どうしたものかと思いましたが、神によればこの体の変化は、今あなたたちが言うところの時差ボケや悩みのような症状で、必ずしもこれらの症状と一致しているわけではありませんが、精神世界で自分の思うままに生き、まわりの環境はすべて神によって創られ、そしていつでも守られていました。

しかし、神がいない世界では自分の好き勝手に振る舞うことができません。この時の自然からのエネルギーは制御のきかない原動力としてアダムとイブの体の中を駆け巡ったので、魂としての個体が肉体に入っているとは考えられないものでした。

体の中には臓器がありますが、アダムとイブの体の中にはそういったものはなく、自然のエネルギーである体と知恵といった具合に二つに完全に分かれていて、これが今でいう人間の魂と脳です。

知恵を持ったことが原因で、物質世界に下ろされましたが、その知恵よりも体をつくっている自然のエネルギーが勝ったのです。それを二人は肌で感じました。

神といえども試行錯誤し、一つ一つを解決し、より良いものを創ろうとしたのです。これはのちに述べますが、現在の状況と同じです。万物、人間が試行錯誤している環境、時代、さらに次の時代において発展できる人間を創っているのはこの経験のためです。

この時にはまだ、魂は個体として存在していませんでした。今のあなたたちの持っている魂とは違います。具体的には魂という塊はなく、エネルギーという名の空気に近い存在でした。

まずこの魂の面からいえば、体の中を自然のエネルギーが駆け巡ることは、そのエネルギーにより肉体が破壊されることを神は懸念しました。

そして、新たな世界をつくろうとしている者たちが、自らの思い通りに体を動かしたいが、それよりもエネルギーの強いもののせいで動かすことができない。

新たな世界をつくろうとしている人間がこれではいけないということで、自然の多大なるエネルギーを一つの塊としました。これが魂の原形です。必要な時にまとまった力がその中から発揮できるようにし、そして必要な時以外に膨大な力を体内に駆け巡らせないように、人間自体を自然の一部であるという考え方からまったく別の存在となるように働きかけました。

違う世界で生活していく以上、そこに下り立った者たちでその世界をつくっていかなければいけません。それなのに、神の創り出した自然の力だけが人間の体を取り巻いているようでは、嫌でもそれに影響されてしまいます。

脳と魂の祖先

そこで、魂はじめからすでに存在している自然からつくり、そしてその中にこの精神世界の出来事を忘れないように刻みました。これが現在あなたたちの中にある魂の祖先になります。

では脳の祖先とは何でしょうか？

それは、アダムとイブの知恵が関わっているといえます。脳はもともとそれ自体が存在していたのではなく、知恵だったのです。知恵は脳がなくても頭さえあれば、そして神の毎日の発言や命令を聞いていれば自ずとつくでしょう。

しかし、そのままでは人間として成り立たない。知恵という見えないものではなく、脳としてある種見えるものとして与えました。

脳は脳自体を見たからといって考えていること、知恵がどれだけ働くのかを図ることができません。それは今と一緒です。しかし、これを与えることにより、神の御膝元ではなく物質世界といわれるようになる世界を人間の手によってつくり上げるために、その土地に適した知恵を働かせる、考える能力が必要でした。

知恵をつけたことの何がいけなかったのでしょうか？

それは、まだ人間として確立できていない者に、自然のエネルギーが体を駆け巡るところにもう一つ自分で考えることのできる知恵を入れてしまったらどうなると思いますか？火に油を注ぐのと一緒です。もっと悪くいえば、揚げ物の油に水を注ぐのと同じです。それが体の中で起こると思ってください。大変なことです。今の人間にははじめから脳があるものとして、そしてまわりの人間も同じなので特別意識もしなければ、どういう流れで人間が存在するのかも考えたことがないでしょう。

しかし、まだこの時は、魂は塊ではありませんでした。神はその点を考えられていたのでしょう。だから知恵を与えるのは早いと思ったのです。

すべてはここから始まりました。

あなたたちが完璧でないのは、あなたたち人類の先祖であるアダムとイブが中途半端な知恵をつけたことが原因です。脳はその時代ごとに進化していきましたが、脳自体の進化と知恵の進化は必ずしも比例しません。たとえば脳に線が刻まれていて五本線が一番良い、一本線が悪いなどと明記されていないでしょう。

人の知恵だけは解明できないのです。完璧でないのには、きちんとこういった理由があったのです。

魂が自然からつくられたと断言できることも実はこのためです。

私は正直に言うとこのことは話さないつもりでした。現在のあなたたちにどこまで必要なのかをこのことに関して自分の中で見定めることができなかったこと、そして興味本位で読む人が多いのもよくわかるからです。

どうかこの話だけに執着しないで、人間の肉体、魂、脳がどのような流れでできたのかを知り、そして神でさえも試行錯誤していること、この時代をつくり上げるためにどれだけの新人類を送り出したか、次の時代に生まれる魂は何を必要とし、自分の魂はいま何をしなければいけないのかをわかってください。

これが脳（知恵）は物質世界の考えを反映させ、魂は精神世界の考えを反映させる所以でもあります。

男女平等とは？

「神の加護のもとにおいて人間はみな平等である」

これは確かにそうですが、神の加護のもとにおいてではなくとも人間はみな平等です。優劣の差ができるのは、事柄を単発的なものとして見ているからであり、事柄を数多く集めてみれば、一人の人間がすべてにおいて勝っていることは絶対にあり得ません。

この考えが瞬間的なものとして人間の目に映り、勘違いを起こさせます。完璧な人間はいません。そして何もかもできる人間はいません。そして、生まれ育った家庭も環境もいっさい関係ありません。すべては自分の思考をどうするかで決まります。

すべては平等にあなたたちに与えられています。人間同士がはじめから違う、損得があるということはあり得ません。ただ、何ができて何ができないという差はあります。

平等ではないと感じるのであれば、みな同じように感じていると考えてみてください。どんなに物質的に恵まれていそうな人間も、見えないところで何を考え、どんな行動をしているのかわからないものです。他者が恵まれていると見ている人間は、まずそう見ている人間が固定観念により、多少の行動の変化では疑問を感じず、同時にそう見える側、つまり見られる側の人間は、一生懸命世間体を考え、恥ずかしいことを外に漏らさないようにさらに嘘を重ねたり、自己の本来の人格を隠そうとしたりします。

この例の一つとして、昨今いろいろな場面で男女不平等を訴える人は多いですね。

男女の性別があるのは子孫を残すためです。勘違いしないでください。あなたたちの子孫ではなく、先祖も関係ありません。人間という子孫、つまりあなたたち、そしてあなたたち以外の魂がこの物質世界に生まれて学ぶことができるようにするためなのです。もちろんそういう方法でしか、子孫という形でしか人間を創れず、残せないからです。

不平等の考えが男尊女卑に直結する

次にあなたたちは男女ばかり気にしていますが、中性の方、男であり女である、または男でもなく女でもないと自覚している人はどうなりますか？　無視ですか？　それとも多数がやはり偉いと感じ、少数は人間に入らないのでしょうか。もちろん違いますね。

男尊女卑の考えを用いて男性が一番偉いのであれば、男性と女性の両方を兼ね備えている中性は二番目に偉いということになり、女性は一番下ですよ。それで納得がいくのでしょうか？

過去、現在の書物、言い伝え、物質世界のみの目につく出来事だけで判断してはいけません。そして男女不平等だと思うことが、なぜか男尊女卑にも直結するのです。

たかが性別の何が不平等なのでしょうか？　男性は力が強く女性はかなわないからですか？　それならあなたたちの思っていることに確実性はないですね。

まず男性だからといって力が強いわけではない人もいるはずです。男性だからみな同じではありません。そういった人たちは男性間で差別は感じないのでしょうか？　また、女性にしても、男性よりも力があった場合は女性ではないのですか？

そして、それは女性間である種の不平等にはならないのですか？　必要なときだけ便利な人として終わらせるのですか？　男女間の差別と思われているものなど、精神世界にしてみれば取るに足らないことです。

これの意味するところは、男性、女性という性別を超えて、人それぞれ持たされているパワーは違うということです。

男尊女卑のように何も男性だけが特別でも、賢くできているわけでもありません。それはそれぞれの魂レベル（魂自体の経験と価値観）により異なります。男性には男性として、女性には女性として性別が与えられるのは、それがあなたたちの課題に及ぼす影響が強いからです。良くも悪くもこれだけのことです。私はあなたたちが性別だけに関心があるとは思えず、また同時に性別だけでどうにかなる問題だけが目に見えるとは思っていません。

たとえ男性に生まれた人が女性になりたいと思う場合、はじめから女性だったらよかったという人がいますが、それは精神世界的観点では考え方が少し違います。もともと女性として生まれていれば、女性になりたい、もしくは男性であることが嫌だという葛藤に悩まされなかったでしょう。そこに課題へのヒントがあるから、一筋縄ではいかない経験ができるのです。はじめからすべてにおいて環境が整っていたら、何を学べばよいのでしょうか？

魂には性別はない

なぜなら、男性女性というのは目に見えてわかるため、自分の思い通りにいかない言い訳の材料として容易に使いやすい切り札の一つだからです。結果としてどちらかが不平等だとも、平等だともいえないのです。まわりを見てください。

男性は女性が優遇される場所、場面を見ているはずですし、女性は女性で男性が優遇される場面を見ます。たとえ一つの事柄に男女平等を見いだせなくても、複数の事柄を考えれば、五分五分の平等です。

魂には男女という性別は存在しません。それは、肉体を持つ時に神が与えたもので自己の課題を学びやすい、その学びやすさが最も生かされる性別を選ぶのです。

これは生きやすい、楽ができるという意味ではなく、学ぶという点を重要視したものです。中性の方も一緒です。普通の人間であり、男性と女性の気持ちが両方わかったり、その反面脳ではひどく世間体を考えたり、魂では自分はその性別的な次元を超えて一人の人間として生きていきたいという意見の違いの葛藤に悩んだりすることもあると思います。

それでも、真実である自分の心に美点を見いだし、そして一つヒントを与えれば、皆と同じようにその中性的な要素があなたの特権となり、その特権を利用し前へ進めば、自らの学びを得ることができます。そして中性であることを表に出し、どちらにも有利に働かせることができます。そして、あなたによって救われる人もいるのです。

同じ中性の方同士で連合を結ぶという意味ではなく、他の人間に何らかの影響を与えることは、男女の性別をはっきり認識している人間とまったく変わりありません。

性別とこの物質世界の関係性とは、けっきょくその程度のものです。どちらの性別になったから得をするとか、こちらの性別だったからこんなことが起きたということは決してありません。

性別による損得は、あなたと同じ考えの人間が集まりつくり出した、自己本位的なものに過ぎないのです。数多くの否定的な人間が集まれば、それだけ事は大きくなり、次第にそれは自らが生まれる前にも決められていた、当然で動かしようのない事実として、他者をも洗脳することになるでしょう。

性別による不利はない

しかし、全員が男女は不平等であるという意見に賛成しているわけではないと思います。自分のまわりで起きている事柄や、自分勝手な考えに縛られて、その点を大きくし騒ぎ立てるのではなく、違う性別の方のことも考えられるようにならなければいけません。

確かに不利だと思っても、その分ほかのところではあなたたちに有利なように働く場面が必ずあります。

たとえば男性だけに有利な特典があるとしましょう。しかし、それは全員の男性に有利ではないのです。もちろんその特典を受けられない方もいると思いますし、どこかの地区限定だったり、または、その日のみの特典だったら仕事に行っている人はどうなるのでしょうか？　女性もこれと同じことがいえます。必ずしも、男女というくくりで分けてすべてを分割、区別することはできないのです。

単なる性別に惑わされて、変な疑念を持ったり、性別のせいにしたり、つまりは自分では動かしようのないもの、もともと平等であるものに対して、異常に熱い感情を持ち、そのことのみに没頭することはやめてください。

現在の仕事と魂の仕事の関係性

現在、あなたたちが生活のためにしている仕事は、第二の仕事と表現できます。

それは確かに生活を支えるためのもので、それをしなければ金銭を得られず、食べるものに困ります。食べられないということは、人間の体の性質上生きていけないのです。生きていけなければ、この物質世界で学べないことにつながります。

それが仕事を与えられたことの一つの理由です。今の世界は「お金」というもので動いている以上、生活するうえでそれらを集めることが必要です。

もう一つ、あなたたちが実感しづらいこととしてここで理解していただきたいのは、仕事はあくまであなた自身の魂が学ぶ過程においてそこに一番学びがあるだろうと選んだ道であり、天界が決めた絶対的なものではありません。こういう意味では天職は存在しません。天職だと感じるのは、その仕事が自らを課題達成に導く材料となるからではないでしょうか。どちらにしても、やりがいや、つらくとも楽しみを見いだせる仕事はあなたたちに非常に合っているでしょう。

仕事は役を演じているに過ぎません。ですから、たとえ権力者であろうともその人間の魂だけが崇高だからでも、権力を握っているわけでもなく、その魂はそういった役を演じ、その場で仕事をして課題を見つけていく一つの手段に過ぎないのです。

物質世界だけの見せかけの華やかさに目を向けるだけでは、その人間の内面から浮き出る魂の性格と物質世界での生活とのギャップを理解することは難しいでしょう。

職業に関係なくどんな場面においても、必ずまわりの人間の魂はあなたの鏡となって存在しています。もちろんその鏡もいろいろな種類があり決して一つではありません。あなたが道を変えれば、そこにはまた違う種類の鏡（人間）が存在しています。まわりの人間の肩書だけで自分もトップに立ったと勘違いしている人もよく見かけますが、実際はそう

のです。ではないので、自分を見つめ、自身がどういう立場に立っているのかを見定めたほうがよい

仕事を通して人生を学ぶ

何を職業として選び、そこから何を学ぶのかが重要な役割の一つです。

ここで重要なことは何の職業についたかではなく、その職業を全うすることにより魂に与えられる影響です。

物質世界があなたたちに、この世界はこういった世界であると見せることがないことからもわかるように、複数の人間の考え方によって相互作用で差ができているのです。

会社の優劣は「一流」などという言葉にもつながります。しかし、私の考えとしては、一流もその他に続く二流も三流も存在しません。

もし物質世界で三流などと呼ばれている企業に行きたければ、私はそこがあなたにとって学ぶべき価値のある場所だと思います。

もともと一流も何もないのですから、あなたをその程度の人間と決めているわけではありません。ただ、物質世界で決められたランキングがおのおのの人間に「合っている」とはいえないのです。

そして一流と名のつくところに入ることが幸せであり、自分にとって満足のいくものだとも限らないのです。

職業による魂の優劣はない

物質世界のランキングのどの分野で一位を取ろうとそれが必要な者には価値のあるものに見えるし、必要のない者には知ることもなく素通りしていく事柄なのです。

善し悪しの比較はもちろんいえません。悪いといってその者の価値観が変わるわけではないですし、個人的には物質世界でレベルが低いと言われようと、その環境の中に自らの課題を見つけるヒントになることが必ずありますから、混乱せず、自分のやるべきことに集中してください。

仕事はその職業自体を自分として成り立たせることはできません。つまり政治家は政治家の役にはなりきれても、政治家という人間にはなれないのです。あくまで学ぶ手段に過ぎず、物質世界の占める権力による魂の優劣もないのです。

社会における知性や常識も個人個人異なります。特に何が正しいという基準はなく、一人の個人的見解を賛成という形で万人にひけらかし、味方を得て、それに従わない人びとを常識がないと見なす。ほかにもこういう職業の人はこういった傾向の人が多いなど、いとも簡単に常識がない、常識があると決めることも物質世界でしか通用しない傾向です。

人それぞれ何が正しいのか正しくないのかと思う基準が違うように、たとえ大多数の意見がどちらか一方に異なる場合でも、もう一方の意見をたかが人数が少ないという理由で、見下げたもの、価値のない非常識なものと判断するのはいかがなものでしょうか。

この世界には一つに絞らなければいけない事柄はいっさい存在しません。自らが自らに従い生きる人生が正しい人生の生き方であり、何が正しいのかを決めるのも自分自身です。

社会に目を向けてしまうと大多数の判断が常識とされていますね。でもそれには絶対に全員が違う方向からその答えにたどり着いているものです。そういった点も鑑みれば、一点の曇りもなく大多数が意見していること、賛成していることが何の疑問もなく正しいとはいえないでしょう。

他者を変えることはできません。魂が違えば当然課題が違い、その過程で選ぶ学び方も違うからです。決して他者の意見を鵜呑みにしてはいけないと同時に、自分の意見を他者に強制することは、なおさらしてはいけないことです。

そういった意味で他者を変えること、他者に絶大な影響を与えることはできません。もし、他人を変えたいなら自分を変えるしかありません。当然この時は自分の魂に別れを告げ、その人間の思うように行動する覚悟でいてください。そして自分を捨ててまで従う価値がその人間にあるかどうかも考えてください。

何度も言うように私は特定の答えをこの本で出すつもりはありません。ただ見える方針として、もし他人になりたいのなら自分の魂を捨てるその覚悟があるのか、他者の先の見えない意見に自分を犠牲にする価値があるのか、ということを言いたいのです。

新人類はなぜできるのか

「新人類」。この意味は、新たに物質世界に下ろされるすべての魂にいえます。毎年同じ年に生まれた子どもを新人類というのではなく、ある程度の年齢層を一まとめにして大きな新人類という形をつくります。

新人類ができるのは、その時代時代に反映した人間、さらに社会全体としての課題を与えるための人間を創らなければいけないためです。これはそれぞれの人間が創られる過程で与えられる脳にも影響します。

魂は唯一無二のものであり、歴史や時代が変わろうと不変のものですが、脳の場合、物質世界においてその環境に適応できる考え方は、ある程度の人類を一まとめにしておかなければ対応できません。そこに人間として、自らの課題とはまた違った課題を与えます。

時代の流れでいえば、百年前の人間を今によみがえらせてもなかなか適応できません。

今まで人間はその時代背景に応じて階段を上るように一つ一つの物事を解決し、国や世界をここまでの発展に導きました。

この章のはじめにも述べたように、自らを含め数多くの人間の試行錯誤が多々ありました。その中で神は少なくとも、その時代背景に適応させた人間を創っていくことで、魂自体の根本的な考えや課題は何一つ変わらないが、その課題を達成に導くヒントや、物質世界で競うなどして魂に働きかけるための道具は、ずっと同じものではないということを示されました。

物質世界の環境が違うにもかかわらず、魂以外の考えも一昔前でストップしていては話になりません。

たとえば今は包丁を使い料理するのに、槍や石などで物を刻まれても困るでしょう。何よりそれは時間の無駄です。そういったことを避けるためにも新人類は必要なのです。

そうでないと物事をスムーズに進められないことが、自らの課題を達成するための妨害となるのです。ですから、はじめの人類は草やその他の果物などをただ食べることしかできませんでしたが、徐々に焼く、切り刻むなどを覚えていき、包丁が存在するようになったのです。

物がつくられる過程も新人類ができる過程で徐々に発展していきました。これらは時に相互に働き、ある時には何らかの物事を最悪の事態に陥れる人間がいても、そういうことがなかったかのようにさらに発展させていく救世主のような人間も現れるのです。

自分よりも世代が若い者たちに対して批判ばかりしていないで、新人類がつくられる意味を知ってください。批判されている者たちも開き直らないで、彼らの意見を取り入れつつ自分の課題を全うし、迫りくる社会全体の課題を全うすることが先決です。

あなたたちが同じ時代を生きている者として、次の新人類に渡す試練として何を託さなければいけないのか、また人生において、何を進化させることができたのかを実感できなければいけません。

地獄は存在せず「神の審判」があるのみ

厳密にいえば、地獄だけでなく天国と称されるものも存在しません。

精神世界を天国と呼んでいるならそれでかまいませんが、天国などと名前をつけるほどまわりの環境も居心地の良いものではありません。

「神の審判」をここではさらに深く述べていきます。「神の審判」とは、いま現在あなたたちをつかさどっている魂が与えられた課題にどれだけ近づけたのか、または達成できたのかを判断する行事のようなものです。

一つの肉体が死を迎え、その魂が精神世界に上がる入り口で審判を下されます。詳しくいいますと、魂の課題を達成する努力をしなかった人間に対しては、まずなぜ課題を見つける努力をしなかったのかを魂の記憶から引き出します。

そしてその者の歩んできた人生を一通り見て、原因を見極め、次の時代に肉体を持つまで魂自身にその原因をつくった経緯を考えさせるために同じ課題を与え、こういった魂にはその原因を克服するための課題がさらに加えられます。

たとえば、物質世界の誘惑が原因なら、その誘惑に打ち勝つような課題をさらに与えられるということです。

人生に課題を見つける

必要かもしれないので、課題を見つけ出した人間のこともいえば、これは大きくいくつかに分けることができます。
・課題を完璧に達成できた魂。
・課題を見つけることができたが、どうしても時間がなく解決まで導けなかった魂。
・長い歳月をかけて、課題をやっと見つけることができた、もしくは行くべき先（道）

を見定めることができた魂。

まず、「課題を完璧に達成できた魂」。これは、あまりありません。こういった魂はさらに大きな課題を全うするための達成したものとは違う別の小さな課題の一つを与えられます。そしてスムーズに審判は終わります。

次に、「課題を見つけることができたが、どうしても時間がなく解決まで導けなかった魂」。この魂に対しても次に述べる魂に対しても神は怒りを示さないでしょう。むしろよくやったと労いの言葉をかけてくださるかもしれません。なぜなら、課題を達成することはいつかあなたたちが自分の魂のためにしなければいけないことだからです。

達成できた者と課題を見つけただけの者との違いは、課題を達成できた者は、課題を見つけるという最も苦しい過程を通り過ぎたうえで、自分の道筋つまりこういった方向で解決していこうという指針、それに対する魂の信念を確立したうえで達成できたのです。

苦しいのは課題を見つけるまでと、見つけた後にどういった道に進もうかと指針を立てるまでが最も大変です。物質世界の誘惑はあらゆる意味であなたたちのまわりに取りつきます。

最も苦しい課題を見つけることに長い歳月がかかったとしても、最終的に見つけることができたこと、最も苦しいこの歳月を乗り切れたことに対しては、達成した者よりも来世において今度は見つけた課題を達成できるようにという意味で、神がねぎらいの言葉をかけてくださるかもしれないといっているのです。

この魂に対しては、先ほども言ったようにさらに来世において課題を見つけるところからではなく達成するところから始めます。そのために時代も違うと思うので新たな環境を魂に刻まれ、その環境の中で試行錯誤しながら達成に導くように働きかけます。

最後に、「長い歳月をかけて、課題をやっと見つけることができた。もしくは行くべき先（道）を見定めることができた魂」。この魂に関しても二つ目と同じことがいえます。最後まで自分の課題を見つけることができたのかが問われます。死ぬまで学ぶことがたくさんあるのではなく、肉体を持っている時間を使ってたとえ一つでも魂の課題を見つけようと試みるのです。

年齢とともに、こういったことは成長できるのではないとお話ししました。

現在あなたたちが今もなお生き続けているというのは学ぶべき事柄を間違いなく達成できていないことが一ついえます。

死んだ人間はどんなに若くして肉体を消滅させようと、すでに物質世界を必要としなくなったのです。つまりは課題を達成できてしまった人間なのです。

これはどんな死に方でも同じです。たとえ老衰であっても、病気であっても同じことです。肉体の死に魂が精神世界に上ること以外の差はありません。肉体の死を検証することにより死をもってもあなたたちは学んでいるのかもしれません。

天国や地獄など魂に別々の道が生じるのではなく、自分が課題を達成したのかそうでないのか、最後まで努力したのかそうでないのかの違いだけです。

課題を見つけたらどうするのか?

課題を見つけても自らで覆い隠そうとするのではなく、受け止め痛感してください。課題は文字でいうとあなたたちにきれいなものとして見せるかもしれませんが、実際にはひっそりしていて、実感できやすいものではなく、緊張を怠ればすぐに物質世界の華やかな誘惑にかき消されてしまいます。「課題」は大それたものではなく、それは風に乗ってちらちらと姿を見せるだけなのです。

それを大きな形にして、自分の理解しやすいように、目に見えるようにするのは小さな風を自分の中に取り込めるかどうかです。自分で大きな風とし、まわりにも自己の中にも常に風を絶やさないようにしなければ、あっという間に消滅します。

課題とはこういったものです。決してすぐにわかるようにできていませんし、見つけたからといって安易に達成にこぎつけることもできないのです。

課題達成において多才な人間はおらず、あなたたちの一生を使い一つの課題が解決できればよいのです。

地獄はありません。その代わり、課題に見向きもしなければ、地獄などと表現された世界よりさらに恐ろしい、自己の課題から抜け出すことのできない生活が待っています。

何度も言うようにすべては自分のためです。

これは物質世界においても同じです。自分の行動に対して困るのは他人ではなく、自分です。それを覚えておいてください。

第10章　内なる眼

内なる眼は最も優れた道具

「内なる眼」は私の専門分野でもあり、最も好きなテーマの一つです。

内なる眼はまさに神秘的であり、それを科学的に解明することは非常に難しいでしょう。

私でもこの内なる眼についてはすべて解明できていません。その存在を解明することも働きを奥深くまで知り、探り当てることもさらなる機知や知恵、宇宙と精神世界の存在を詳しく知らなければ到底調べることすらできないのです。

今回はそのような深く難しい話ではなく、内なる眼の基本であり、あなたたちが知らなければいけないところから話を進めていきたいと思います。

内なる眼の話がなぜこれほどまでに難しいのかというと、それは内なる眼自体を見ることができないからです。

内なる眼はさらに奥深い自己の内部を見るためのあなたたちが持ち合わせている最も優れた道具の一つです。

まず内なる眼とは何なのかということからお話ししていきます。

「内なる眼とは自己の魂を見る道具のことです」

内なる眼は心眼という人もいます。しかし、心眼というには少し浅はかではないでしょうか?

私たちが本当に見るべきものは、心ではなく魂です。心と魂は同じものとされていますが、厳密にいえば同じものではありません。心から発する気分は物質世界のあなたを取り巻く環境に左右されても、魂は絶対にそういったことはないからです。

気分に左右されず、いつでも平穏に自己の魂を見つめる点から内なる眼は魂を見るための眼だといえます。

「内なる眼」と「心眼」は異なる

先ほども言いましたが、心というものは実際には脳と密接な関係があります。ですから心と魂を結びつけるのはいささか忍びないのと同様に、心眼を内なる眼とは一緒に考えてほしくありません。心はそのつどあなたたちの気分に非常に左右されやすいものです。気分とはあなたたちの目や頭で判断する見せかけの苦楽です。

しかし、魂は脳で考える気分などに左右されず、いつでも平穏に真実だけを映し出し、自己の進むべき道を、そして未来を照らし出してくれます。

これは内なる眼を使うことでのみ知ることができるのです。そして内なる眼を使うことでのみ魂を見定めることができるのです。

もちろんあなたたちについている目は内なる眼と比較すれば、外界をとらえるものだけに留まります。嘘でも、真実であっても、確かなものも、不確かなものも見るだけにしか留めることはできません。なぜなら、それが何であるか、たとえば疑うべきものか、信じるべきものかなどの判断は脳や魂に委ねられるからです。

あなたたちの目と内なる眼はそれ自体で判断や決断をすることはできません。目も眼も何かを見るという点においては同じものです。しかし、目はそれ自体で判断できず、脳の思考に直結する場合が多いのです。

しかし、内なる眼は、ただ単に魂を見るだけでなく、魂の意向をどう読み取ったらよいのかを感覚や言葉で伝えてくれるものです。その点において違いがあります。

内なる眼は魂の言いたいこと、癖、信念を見抜く力を言葉や感覚または映像として引き出す力を持ち合わせています。

「内なる眼」は「第三の眼」とも異なる

もう一つよく言われる眼として第三の眼があります。これは第六感、つまりは直感を磨く眼です。しかし、第三の眼でさえも内なる眼と同じものではないというのが私の見解です。内なる眼は第三の眼を超越したもっと奥深いところにあるという感覚を持ってください。この理由は内なる眼の使い方を読んでいただければわかります。

第三の眼はあなたたちの額の真ん中付近にあります。ですから第三の眼を意識したい時は、眉毛の少し上の真ん中あたりに集中するのです。

何かを見たいと強く望んだりするよりは、額の真ん中に全神経を集中させ、頭では何も考えないことが第三の眼を強化する方法です。

第三の眼をもう少しわかりやすくいうと、あなたたちがよくいう第六感、霊感などというものはここから発生するものです。余談ですが予知夢などもこの第三の眼が関係しています。しかし、これらを発することは特別でも何でもありません。ただ、強く無意識のうちに先ほど言った箇所に意識を向けていただけに過ぎません。もしくは、何か非常に気になることがあり、それを知りたいと強く望んだ結果かもしれません。第三の眼は、けっきょくそれ以上でもなければ、それ以下でもないのです。

第三の眼を強化することで未来がすべて見え、断片的に見えた、聞こえた事柄で課題が解決できるわけではありません。第三の眼は神秘的ですが、けっきょくこれも解明することが不可能です。しょせんは事実を知っただけに過ぎません。

内なる眼は今から説明しますが、事実というよりも、あなたの魂の本質を自分自身の脳で理解できるようにしてくれます。自分自身を知るのです。性格ではなく、自己の魂の性質を知るのです。

内なる眼はただの道具に過ぎないかもしれませんが、これを鍛えることで魂の奥深くへとつながることができるのです。

「第六感」と「第三の眼」の関係

強化すればするほど、自己の魂の性質をもとに何をすべきなのかを知ることができます。魂に気分は存在しませんから、どんなことがあろうとも気持ちだけは前向きに保っていけるでしょう。

結果や、判断を重視するのではなく、あなたがどんな道を選択しようともその過程において心強さを与える、そういった役割が内なる眼にはあります。

第三の眼の場合は、少し訓練を行えば誰でも第六感を研ぎ澄ますことは可能なのです。この第六感は物質世界以外のところに意識を向けるという点では、内なる眼と似た部分があります。

しかし、第六感が研ぎ澄まされても、自らの魂を知ることはできません。こういった意味で第六感が強いことと、内なる眼が強化されていることとは、まったく別の意味になります。それは、第六感は信憑性に欠ける場合があるからです。

確かに物質世界において発せられる危険や自らが現在知りたいことを教えてくれるのが第六感です。ただ、これはあくまでも無意識に第六感を使用している人が多いため、内なる眼のように魂自体まで深く入り込むことができていません。そのため、どういったことが危険なのかもわからないし、知りたいこともうわべの感覚からか途中の事柄を知るだけで終わってしまうことが多いのです。

ここでも結果重視論で、それに対する永遠なる解決法や防御法を知ることができないのです。

そして何より、断片的な映像、音、感覚があなたの人生の学びとどうつながっているのかを説明することはできません。また、たとえ映像で見た最悪な出来事をうまく回避することができても、それを回避できたという事実だけで終わってしまいます。物質世界的な思考では安堵感のみが生まれますが、断片的な映像などにより避けられた事柄においては、それ以上深く考えないことも事実だと思います。ですから第六感での判断の解決能力は百点とはいえないのです。

もちろん魂もすべての課題から解決法に至るまでの過程、そして次の課題は何かというように何も行動せずにすべてを見せてはくれません。でもそれに近いもの、あなたが困った時には明確に未来の道や悩みの解決法を示してくれます。

少なくとも、問いかけた事柄に対して魂としてはこういう意見であるということは必ず示してくれます。

そして良き話し相手として脳を基準にして動いている自分とは別の人格である本当の自分を内に確立することができます。

内なる眼の使い方

内なる眼は魂の奥深くを見ることができると先ほどお話ししましたね。

では実際にどういうふうに見えるのか、どういうふうにすればよいのかをここから説明していきます。

まず見え方についてです。方法論ばかり話していても、実際に見えたものが何であるか気づかなければいけません。まず魂はきちんと見ることができればこのように見えるはずです。自分の喉からちょうど胃の近くにかけて大きな逆三角形の穴ができます。この際に他の内臓は見えません。その大きな逆三角形の一番底に丸い透明の球が見えます。大きさは直径五センチくらいで、何の混入物もない透明な水晶に似ているのです。その魂に自らが知りたいことの答えが浮かびます。

たとえば球の表面にあなたが理解しやすい文字として浮かび上がったり、はじめから声が聞こえる方もいるかもしれませんが、慣れてくれば誰でも直接質問の答えを聞くことも、その魂の表面に何が記されているのかを見ることもできるのです。

何度も言いますが、これは心の声とは少し違います。心の声はあなたたちの物質世界の考え、それも脳で考えたことが随所に反映し、あなたたちの都合の良いように解釈される場合がほとんどです。

しかし、魂にムラはありませんので自己の気分にかかわらず、いつでも真実を教えてくれるはずです。それゆえ自分といえども本心を知るのは怖いことなのです。

魂は嘘をついたり、その時の気分により自分自身を短絡的な意味で元気づけようとはしてくれません。これは人間関係でも相手に期待している言葉や態度が真っ向から裏切られることと一緒です。魂とはこれと似たようなものです。

すでに述べたように、魂は精神世界的観点で「現実」を突きつけてくれます。このようにしなければ本当に魂と直接触れ合ったことにはなりません。

内なる眼の鍛え方

次にその内なる眼の鍛え方です。内なる眼を鍛えるためにはどうすればよいのかを説明します。大きく分けて三つの事柄をこれから意識してもらわなければいけません。

一つ目は、恐れ、つまりはあらゆる「恐怖心をなくす」ことです。現在の悩みに直結する恐れ、未来に対しての恐れなど、ありとあらゆる八方塞がりの状態に陥る原因となる恐怖心をなくすのです。

二つ目は、脳の介入を完全になくすまで、無の境地で雑念のない空間まで自分をもっていきます。

三つ目は、もしかしたらこれが一番重要かもしれません。それは第三の眼とは違い「知りたい」と強く願うことです。現在の悩みから、未来のこと、必要であれば過去の記憶まで、今の自分に必要なことをすべて知りたいと強く思い続けることです。

あなたたち一人一人が内なる眼を持っています。しかし、それを利用できていないのは、本当の自分に気づくことが怖い。あるいは、自分が本当に望むこと、つまり、物質世界の自分と魂である本来の自分がまったく反対であることなどを受け入れたくないため、魂の存在を自分で隠そうとしていることに原因があります。物質世界に依存し、脳で考えることにすべてを費やしているあまり、魂の関与を自らで押さえつけているところにも原因があります。

内なる眼は必ず、良くも悪くも真実を見いだします。物質世界的な考えや脳の介入はいっさいなく、自分らしくない人、自分らしくない道を進んでいる人には訂正を加え、新たにいくつかの道という選択肢を与えます。あなたたちはそこから選ぶことができます。

人生がうまくいっていると思っている人も、だいじなこと、気づかなければいけないことを見落としている可能性があります。それに気づかなければ、うわべだけの中身のない人生と一緒です。

何度も訴えかけられる感情や目に見える出来事をきちんと自覚し、何よりも深く理解しなければ課題を見つけたことになりません。そうした人間にわかりやすくいいたいのは「表紙だけ変えても中身の変わらない本と一緒」ということです。これについて、もう少し詳しく説明しましょう。

表紙、つまりあらゆる事柄が目の前に現れ、それは一見すべて違うように見え、自分自身は違う経験をしているのだと思い込む。残念ながらそれは、その本の中身である課題を見つける方法として、あなたを取り巻いているだけです。

自分の考えや将来のヴィジョンとして、正反対の事柄を認めざるを得なくても、いつまでもだだをこねないで認めてしまったほうが解決は早いのです。表紙だけを衣替えしても中身が変わらないのであれば、表紙もそのうちその本に合った表紙に戻ります。認めればいいだけのものを、焦って自分を見失って、表紙の衣替えばかり続けていて何か意味がありますか？

そして何が自分のためになっているのでしょうか？　衣替えによって自分を着飾り、繕うよりも、自分の内を見る眼を強化して、少しでも自分のためになるように、他人にわがまま、自分勝手と言われても、それを実行することが必ずあなたたちの魂のためにも、物質世界のあなたたちのためにもなるのです。

人から与えられた知識や噂を鵜呑みにするのではなく、自分に問うことから始めてください。

内から働きかける衣替えは、表紙をすり替えるよりもかなり時間がかかります。そしてダイエットと同じようになかなか目に見えて外に現れてこないため、けっきょく変わらないと思い、やめてしまう。もう少しこの期間を辛抱強く待つことがだいじです。

内なる眼は脳の思考に反する場合がある

内なる眼は魂を見るものですが、反対にそれは魂から発せられたものでもあります。ですから当然、自分自身が考えていることに嘘偽りのない状態を見ることができます。もともと人間は皆、自分自身を知るのは怖いことだと思います。

それゆえに物質世界で虚像の人間をつくり上げるのです。他人の意見を汲み取り、架空の物質世界に合わせた自分をつくり上げるのです。いい加減にそういった無意味なことはやめませんか？

確かに、自らが何者であるかを知るだけでも怖いのに、自己の進むべき道や逃れられない定め、そして本当の幸福だと自分が感じることを照らし出されるのは覚悟のいることだというのも私はわかっています。

なぜならこれは脳の思考と反対の場合が非常に多いからです。現在のあなた自身はほとんど他者がつくり上げているといっても過言ではないでしょう。あなただけでなくまわりのほぼすべての人間がそうです。それは脳の考え方から来ています。

たとえば幸せの基準を、誰かが決めた基準に沿っていなければ、自分は敗者であるとか、団体行動ができなければ、おかしい人であるなどといったことです。

これらは物質世界において決められた制限事項から本来の自分たちを隠し、他者との相互関係により全員が決められた同じレールの上を走っていかなければならなくなり、いつのまにか本来の自分を見失ったのです。

誰か一人が悪いのではなく、あなたたちの魂自体を重んじない、たいせつにしない事実が他人の行動に歩調を合わせることにつながっているのかもしれません。

個性があると信じていても、けっきょくは他者の意見に身を寄せる。これもおのおのの人間の相互関係によって成立しているので、決して誰か一人が悪いのではなく、あなたたち全員が蛇のようにつながって、誰かの手を取り足を取っている姿が真実です。

脱線は許されざるべきことではありません。脱線をしなければいけないのです。脱線し、自分の線路を走る勇気が必要です。その勇気もまた、魂から発せられるのです。全員が勇気を持ち、脱線して自らのレールを走ることができれば、自然に自分のしなければいけないこと、そして進むべき方向性に目がいき、他の線路を気にしなくなります。

一緒の線路を走るから他人の運んでいる荷物は何だろうとか、どこまで進んでいるのだろうと気になるのです。はじめから進んでいるレールが違うと解釈すれば、そのレールにある障害物も違い、そのレールを走っている列車も自分だけのものなので他者とくだらないレベルの比較をしなくなりますし、はじめから比較できるものではないということも理解できるのです。

自分の価値に気づき信頼を見いだす

「内なる眼の鍛え方」のところであげた三つの方法を使い、この方法に慣れるまで辛抱して内なる眼を鍛えるのです。

一つ目の恐怖心を克服するのが最も難関であるかもしれません。しかし、恐怖心はあなたたち自身でつくり出したものですので、自分たちで消し去ることができます。恐怖を感じることを決して他人のせいや物質や環境のせいにしないでください。

自分のまわりに対する不安感などが自分の脳に投影されて、それを恐怖として自らが受け取るのです。すべては自分の責任であり、自分のせいであり、また自分で解決できることなのです。

二つ目は瞑想で用いる過程に近いものです。瞑想も誰かに言われたとおりにするのではなく、必ず自分の瞑想法を確立し、試行錯誤しながら自分の魂が表に出てこられるように努力をするのです。

まわりにある想念、雑念を取り払わなければ「無」にはなれないのです。はじめは無になれなくてもかまいません。私は、あなたたちがどれだけ物質世界的考えにとらわれ依存しているかわかっていますので、はじめから完璧にできる人がいるとは思っていません。

ですから、まずは練習としてどこまでこの世界から離れ、自己のエゴと無駄なプライドを抑制することができるのかを試し、徐々に進めていけばよいのです。

三つ目の、知りたいという気持ちを強めるための手助けとして一つ言いたいことは、いかなる理由、どういった意味であれ、最終的な結果にもその過程においても自分は自分を決して裏切らないということを認識するのです。

鍛えはじめはつらいことが起こるかもしれません。もうこの先には進めない。内なる眼を意識するほど負の感情しか浮かんでこないなど。しかし、それを振りきり、その先にあるものを見つめなければいけません。この考え方はだいじですよ。

あなたたちの場合は、何度も言うように、よく他者や物質にその存在を認めることで自己を信頼するという、順序が逆の人間が多いのです。物質世界の物質に自己を投影させて物に信頼を見いだすのではなく、本来の自分の価値に気づき、自身の中に信頼を見いだすのです。

そしてそれが物事を見る、知るうえでの一種の方針になりますし、そういう過程で見たものや環境というものは、また一段と違い、ただ違うだけではなく、自らの魂にも良い影響を与えるのです。

ぜひ内なる眼を強化し、必要な時にはいつでも自分の魂を探るようにしてください。

第11章 自然

神が創った、神のみが操ることのできる大国

「自然は大国である」。この言葉は、いろいろな意味を含んでいます。

魂が自然からつくられたということは第1章「魂とは何か？」でお話ししました。第11章では自然というテーマをもとに、自然からできた魂とその材料であった自然との関係性について掘り下げていきます。

魂は、まず自然の力ともいえる万物である水、草、花などのエネルギーによって構成され、神によっておのおの課題を与えられ、その課題を達成するために物質世界に下ろされました。

自然は人間界、つまり物質世界ではそれほど意識されていませんし、普段目につくものとして特別だいじにされているようにも思えません。

自然をたいせつにすることは過去においても現在においても、さらには未来においても非常に重要であるとともに、自然とは何なのかということを知ってほしいのです。

自然をたいせつにすることは、自分をたいせつにすることにもつながります。当然です。自然からできた魂を持っているあなたたちは自然の一部であり、生まれたところに感謝する。感謝するというよりも、あなたたち自身がそこに安らぎを感じるはずです。

「自然は生きものです」。これを聞いて、たいていの人はただ単に森とか、花とかを生きていると表現しているだけだと思いがちですが、私が言いたいのはそうではなく、木や葉は小人の集まりだということです。

人間から見れば葉は一枚を取っても葉に過ぎないでしょう。しかし一つ一つの、さらには小人たちが共生し合って生きているその場所が、人間には葉や花、さらに数多く集まれば森や草原になるのです。

精霊と表現してもよいのですが、そう表現すると自然自体を守っているものととらえがちですので、そういった言い方は避けます。

自然は小人の集まり

小人は自然を守っているのではなく、そこに住んでいるのです。あなたたちに家があり住んでいるのと同様に、その地で生活しているのです。葉っぱという家に住んでいるのではなく、多数が集まり共同で生活をしているのです。目に見える形では「一枚の葉」と人間には認識されています。

私たちは、彼らを「自然界の住人」と呼んでいます。

自然界の住人は、あなたたちの目には風景としてその姿を見せていますが、本来は大勢でつくられている集団がそう見せているだけに過ぎません。

もっとわかりやすくいえばその小人たちは自然の一部と化していますが、自然はその小人たちの集団により出来上がっているのです。

あなたたちにはきっと自然は森や花のようにしか見えないでしょう。しかし、それは小さな人の集団でできています。小人といってもあなたたちと同じような人間ではなく、太古からそこに住みつき、自然という世界を拠点としている住人たちのことです。

あなたたちの魂はこういった住人のエネルギーによりつくられました。この住人たちがあなたたちの中にある魂をつくったのです。

だから「自然をたいせつにし、感謝しなさい」と言うのです。自分をつくり上げてくれた住人たちをだいじにすることは、自然をだいじにすること。それと、何よりそこから生まれた自分自身をたいせつにすることにつながります。

近年、自然破壊が進んでいます。これをあなたたちにどうにかしてほしいとは言いませんが、あなたたちの力で最小限に食い止めることは可能です。またそういった努力をすることを任されることで自らの課題達成に働くことができる人間もいます。

こうした自然破壊を食い止めることは環境破壊を食い止めることの一部分にしか過ぎないのでしょうが、私は違う意味でこの自然をあなたたちの手で保ち続けてほしいと思います。

この違う意味とは今までも話してきたように、自分の生まれた家を残すこと、そしてそこから得たエネルギーで魂が成り立っているのなら、自然を破壊することにより魂自体が傷つくのを防ぐこと。これが私の意図するところです。

自然は母親に似ている

自然は一つの国であり、誰でも入ることができます。また自然は唯一、物質世界において精神世界とつながっている場所であり、誰しも認識しやすい場所です。

物質世界では国名が分かれていても、自然だけはすべてつながっているのです。わかりやすいのは空です。空はどこの国から見ても共通です。それと同じように森、花、吹く風なども同様に考えることができます。

自然は神と直結しています。自然からつくられた魂は神のもとに行きます。ですから自然は物質世界に置かれていても、精神世界の一部であるといえます。

精神世界の一部と聞いて不思議に思うかもしれませんが、精神世界にはあなたたちが見ている壮大な自然はありません。これは物質世界のものだけなのです。

ではなぜ物質世界にしか存在しないのか？　それはあなたたちを見守り、助けることがこの住人たちの仕事の一つだからです。

自然は自分の魂が生まれた場所でもあり、先行きが不安になったり、どうしてよいのか自分でわからなくなった時には、手を貸してくれる世界なのです。

あなたたちの自然回帰は、自然のエネルギーを得ることです。そして物質世界で唯一精神世界とつながっている、自分の生まれたところへ帰ることは、魂と向き合う絶好のチャンスなのです。

自然は母親の存在に似ています。自然は人びとを癒すことができ、同時に厳しい課題も与え、迷えるものには手を差しのべる、いわばあなたたちの魂のお母さんのような存在だからです。

自然は甘やかしてくれない

自然界の住人が与えるものは、苦しく迷える者に光を、迷いのない者に厳しさをではありません。

正しくは、苦しく迷える者の中にも自分を奮起させる力のある者、今どうしてよいかはまったくわからないが、何か自己の魂の信念に従えるように、自己を変える力を信じ、それを強く願っている者に対しては、自然界の住人は気づきや方針を与えます。

迷いのない者も二つに分かれ、これで満足したという迷いのない者には、それ以上の方針を示してはくれません。一方で迷いがなくとも、これでよいのであろうかと試行錯誤している人間にはさらなる方針と、気づきを与えるでしょう。

このことからもおわかりのように、自らが何も行動しなければ、何も考えなければ、手を差しのべる者など誰もいないということです。これは自然界の住人たちだけでなく、あなたたちの人間関係においてもそうです。何もないところから人や物が降ってわくことはあり得ません。

行き止まりの先に人が見えたのなら、その人が何とかしてくれると考えるのではなく、ヒントや助けを与えてくれるのではないかととらえる方がよいと思います。そしてその助けも自分で勝ち取らなければいけないのです。

チャンスやヒントなどというものは、その人間にとって必ず必要なものであれば、何度もわかりやすいように訴えかけてきます。しかし、そのチャンスを逃したり、気づかないのは個人の考え方の問題だからです。

もちろんまだ気づくべきではないという考え方もあるかもしれませんが、それは置いておいて、けっきょくはチャンスや良い機会だと思えることを自分でつかめるのか、これが問題です。自分から行動しなければそれをつかむことは誰にもできません。

もし、たとえ自らを幸運な人間であり、いつでも助けてもらえると思っている方がいるのなら、その考えははっきりいって間違いです。

あなたも人から与えられたように、程度に差はあるかもしれませんが、他者にヒントを与え、知らないうちに誰かを助けているのです。このような相互関係により人間社会は成り立っています。よって、誰か一人だけに助けが多いということも、その人を中心に物質世界がまわることもありません。

自然の脅威

その一つの大きな意味として、自然は破壊されても破壊されても、消滅することは絶対にあり得ません。

自然だけでなく、その他多くの分野にいえることです。一人の人間が物事の行く末を案じたところで、たいして物質世界の脅威にはなっていません。もしかすると何百年後、何千年後に何事もなかったかのように、現在落ちぶれている物事を復活させる人間が絶対につくられないとはいえないでしょう。

私がいう自然破壊を考えるということは、神から与えられている人間全体への課題です。ですから自然破壊を食い止める義務があり、あなたたちはそうしなければいけません。また、そうするように大なり小なり働きかけているでしょう。これは自然が脅威であることの一番の理由です。

姿が優しい者が内面に秘めている力が莫大であるということに、あなたたちは気づいていないでしょう。容姿が優しそうで何を言っても怒らない人間が弱い、もしくは内に秘めている力が弱いとは限らないのです。自然も同じで、一見優しそうですが内に秘める力は強大です。優しさとは真の強さの上に成り立つものです。

人間はこの自然により生を与えられたのです。あなたたちは自然にとっては何の脅威でもありません。

動物から学ぶこと

動物もそうです。人間中心の世界の端に追いやられていますが、動物からも学ぶべきことはたくさんあります。

動物を卑下するのか、それとも敬意を払い尊敬の念で動物たちの行動や知恵から何かを学ぼうとするのかは、あなたたちの力量次第です。

このようなことをまじまじと思い知らせてくれるのが自然の力でもあります。自然の中に嘘はありません。また冷たさもありません、自然を厳しく感じたり、嫌悪感を抱くのはあなた自身が自分を偽って生きている証拠の一つではないでしょうか。こう考えれば自然も自分を映し出す鏡であるととらえることもできます。

また、自然が好きでよく森の中に入ったり、花など飾っていても、自然が特定の人間だけにパワーを与えることは絶対にありません。神が操る自然も皆に平等です。

自然から、または動物から気づきやヒントを与えられても、それを自分で考え、行動に移せなければ一歩前に進んだことにはならないのです。めそめそ泣いていてただ自然に入りその力を味方につけようとだけ考えている人間には、自然は決して力も貸しませんし、何のヒントも与えません。

精霊などが味方をしてくれて、私は話せるなどという言葉もよく聞きますが、それであなたは幸福になれましたか？　もちろん自分の望む幸福をつかんでいるのかという意味です。

私は幸福にはなれていないと思います。一つの根拠として精霊と話したりすることは、何も特別なことではないですし、たとえ本当に話せてもあなた一人だけを幸福に導くことはないからです。

そういった存在に目を向けて、自分は特別であると勘違いしているよりも、自分の足元をよく見て、何をすべきかを知ることのほうがよほどだいじです。

精霊と話すより、自分の魂に働きかけ何が自分にとって必要かを一生懸命探ることが重要です。自然界の住人たちは今日もいろいろなことを教えてくれます。

グリーンマンより

もっと生物をだいじにしてください。

私は自然界のヒーラーです。

あなたたちによって傷つけられた動物や草木、花などを毎日のように歩きながら助けています。人間によりむしり取られた一枚の葉。それを私が再生するのです。その中の小人たちは、私が助けに行くまで皆ぐったりとしていて呼吸も浅いのです。これは人間界でも同じでしょう。それならば、生きとし生ける生物、そして草木、花などをたいせつに扱ってください。

私は毎日自然の中にいます。私はここから離れようと思いません。

もし、あなたのまわりの生物が人間界でつまはじきにあっているのなら、私に助けを求めるために森に入ってください。近くに森がない人は、緑が生えているところに行き、私に助けを求めてください。

私は必ず、その生きものを助けることができます。そして、もし息を引き取るのなら、私とともに安らかなる世界へ旅立たせることもできるのです。

一人で悩んでいないで、私にあなたの思いを伝えてください。私は人間であるあなたにも癒しを送ることができます。

そして助けられた生きものに代わってお礼を言うでしょう。

第12章　子ども

社会的に見た子どもと大人の関係

子どもに関しての考え方については、どの時代が最もよかったと比較することはできません。なぜなら、各時代であなたたちに求められている試練が違うからです。

あなたたちがこの物質世界で生かされている意味としては、もちろん第一に自己の魂の課題達成。これに尽きますが、もう一つは国のため、これからの社会的進化のために一人一人が微々たる行動でも何ができるかを考えさせる試練を与えられているのです。

そして自己の課題達成の試行錯誤と相まって、国単位で一人の人間の能力が必要であれば、それを世界に発する形で使わせることもあるのです。

このことからもわかるように、あなたたちがもっと社会に貢献したい、手助けをしてあげたいなどと思わなくても、必要であれば神はあなたの魂に持たせた能力を借ります。

また、新人類が生まれれば生まれるほど、子どもに対する執拗な考え方は進化されてきているように感じます。

新人類については第9章「新人類はなぜできるのか」で述べました。しかし進化ゆえか、神からの厳しい試練か、その進化されてきている考え方とは「自己の価値観を子どもに押しつけること」という最悪な考え方に陥っているように見えます。

子どもを子どもとしか見ていない大人。そして自分の子どもを所有物化し、自分の分身でもあるかのようにふるまう親に対して私は幻滅しています。

そしてこうした考え方は物質世界において、親というもののあり方や社会的な問題として、この原因である子どもの所有物化を垣間見ることができます。

これは「親」を演じているあなたたちへの一つの試練です。その試練とは、いかに子どもと自分を切り離して考えられるかによります。

子どもには時代に反映した試練が必要

「子ども」というものに対していくつか誤解があり、それを他人の前で自分を良い親であることを示すために「子どもには子どもの人生がある」などと言っておきながら、子どもに対しての言動にその見解がまったく反映されていないのは事実です。

子どもはあなたたち親から生まれたのであり、そうではない。

子どもは子どもであり、小さい人ではない。

子どもは親の人生を生きるのではなく、一個人として成り立っている。私にはこうした事実に反したあなたたちの言動が目に余ります。神が試練を下したものだから仕方がない、と全員が開き直っている場合ではありません。物質世界においてそうした考えが当然だとされているのであれば、私はそれを打破するヒントをあなたたちに示さなければいけません。

どの時代の子育てがよかったということもできません、たかが肉体年齢が上だということで「今の若い者たちは子育ての仕方がなっていない」などと思っている人がいます。しかし、こうした考え方は支持できるものではありません。なぜなら、良い方法も悪い方法もないと同時に比較することにより、どちらかがどちらかを批判することもできないのです。

それははじめにも言ったように、その時代に反映させた試練が必要だからです。たとえば、子どもを子ども自身の思うままにさせる傾向の親からは、子どもの役割として「他人からの自立」「親という生きものへの思いやり」などを学び、自己の課題に生かすかもしれませんし、そうでない新人類の親のもとでは、親の身勝手さゆえに「親への憎しみと愛情の葛藤」、そして「自分を強く持ち、信念を貫くこと」などを学ぶかもしれません。

誰のせいでもなく、もちろん環境のせいでもなく、時代を生きものとしてとらえ、動き続ける背景として、こうした移り変わりと、人間の変化は必要なのです。そして人間は自らの課題を探したり、達成するために現実世界のさまざまな事柄を役立てるのです。

子どもの存在

大人と子ども。たとえ身内ではなくとも、この関係は物質世界では当然のように成り立っている区別です。

子どもというものが存在する。そうした役割を過去から未来においてすべての魂が背負っている過程にはいくつもの理由があります。

・子宮内に大人のような大きな人間は入ることができない。

・子どもが存在することで、大人への影響の変化。

・子どもが生まれるのは、神により命令された魂が学ぶ環境をつくるため。

子どもをいくら欲しがっても全員に与えられるわけではありませんし、私たちの側からいえば、欲しがる理由で子どもを与えているわけでも、家族、国の後継ぎとして与えているわけでもありません。

子宮内が巨大であれば大きな人間が生まれて、ずっとそのまま生きていけばよいのか？それでもかまいません。達成する課題さえ認識でき、それだけを指針として存在しているのであればそれでもかまわないのです。

しかし、子宮内に小さな人間しか入らないことから子どもは体が小さい、ということは臓器や脳も小さいのです。

魂の学ぶ過程は物質世界の出来事を考えたり、物質世界の物事や他者を介してその関係性から学んでいくのだと話しました。それがここでもいえるのです。

幼い頃はまだ物質世界の事柄がよくわかっていないでしょう。それをあなたたちが教えるのです。教えることによって物事として、人の感情としてどういったものがあるのか。たとえば、この物質世界にはどのくらい目に見えるものとして使える道具や人間の考え方のカードがあるのかを子どもが把握できるようにする。このようにして、今のあなたたちのように魂を考える事柄である物質世界のものの考え方を自分の中で選び、物事を学んでいくのです。

子どもにも立派な魂がある

子どもが教えてもいない文字を書いたり、遊び方を知っていたり、言葉を発したりするのは、その子どもの魂に原因があります。子どもが純粋であるというのは、幼いからでも、生まれたばかりでこの物質世界のことを知らないからでもなく、物質世界の経験がない子どもは頭の中で考える事柄がまだ少ないからです。

脳の中にまだ何も詰まっていないことをイメージしてください。脳は〇歳からのつき合いであると言いました。それゆえ脳の中に知識がないため脳で考える事柄が少なく、あなたたち親が教えてあげることが多いのです。

これは物質世界に限った話です。ではなぜ、子どもは教えていないことができるのか？その部分はほぼ魂がまかなっているといっても過言ではないでしょう。

そして自分の思い通りに遊んだり、寝たり、そして反抗期により周囲の人の言うことを聞かないのは、自分の魂の声に無意識のうちに従っているからです。決してわがままなのではなく、あなたたちが「子どもだから仕方がない」と言えるものでもないのです。

一方、内面はどうなのか？　子どもにも立派な魂が存在します。この面において大人も子どもも関係ありません。魂は遠い過去から現在へ受け継がれたものであり、決してここで差がつくわけではありません。差ができるのは、肉体を持ったそのおのおのの時代で、最低限必要な物質世界の出来事を教えられることぐらいです。

あなたたちも年齢相応になれば、それなりに物質世界のことを学ぶでしょう。しかし、それが魂の学びにつながり、向上しているかといえばそうであるとはいえません。頭の思考と、魂の学びは相反することが多いのです。こういった理由で子どもと大人が区別され、大人のほうが影響を受けるのです。

もっとわかりやすくいうと、子どもは大人であるあなたたちに魂の精神世界への回帰を言葉ではなく感情で教えています。

子どもの存在は、ぎすぎすした物質世界からあなたたちの魂を解放し、もう一度自分に問いかけてみようと思う気を起こさせてくれるものです。子どもの考え方を新鮮に感じたり、逆に本来の自分ではないかと思えることを突きつけられて嫌悪感を感じたりするのはこうしたことが原因です。

そういった意味で子どもの存在意義がきちんとあり、すべての人間が「子ども」の役を過去にも未来においても担うのであり、これからもこの「子ども」という役目はあり続けます。

子どもから学ぶ

物質世界のことを何も知らない子どもから教えてもらうことで、あなたたちの魂に訴えかけられる何かが必ずあります。はじめからみな大人として、つまり脳が成長した段階で生まれてこないのはこういったことにも関係するのです。

子どもに何か教えるばかりではなく、あなたたちも子どもから学んでください。あなたたちよりも子どものほうが、魂に向き合っている面においては立場が上だといえます。

そして子どもが成長する段階で子どもの発言や考え方に手を加えるのは、物質世界に関係ある事柄のみにしてください。次に述べますが、無理に「しっかりしなければいけない」などと間違っても教えないように。

子どもがしっかりした発言、物質世界の大人と大人の関係性やその場に応じた空気を読むことで喜ぶのは大人であり、親であるあなたたちだけです。

子どもは成長するにつれて物質世界の出来事も覚えていかなければいけないので、それをあなたたちが教えるのは仕方がないでしょう。

ただし、あなたたちが教えてもよい、あるいは教えることができるのは、最低限知らなければならない物質世界の物事の意味、漢字の読み方、道路標識など答えが一つに絞られるものくらいです。いくら自分の子宮を貸した子どもである、自分の分身であるととらえようとも、基本的には他人です。子どもの魂まで深く突っ込んだ考え方はできないので、少なくともこれから子ども自身の学びを助け、親自身も子どもから何かを学んでいるという精神で接するようにしてください。

子どもをつくらなければいけない理由は、あなたたちの先祖、つまり人類全体の先祖があなたたちを生んで物質世界に肉体を持った人間として下ろしてくれたように、今度はあなたたちが、物質世界に下りてきた魂にいろいろなことを教えるべきだからです。子どもという形で世界に存在させることが親の役割です。ただ、子どもを産まない人間もいていいのです。その人たちは子どもを持たないという学びがあるからです。

「洗脳」

親や大人がしつこく、子どもに物質世界の事柄以外で考え方や、何かの方法論、これからの人生の歩み方を指図することはある種の「洗脳」と言わざるを得ません。洗脳することを許すわけにはいきません。

あなたたちの「子育て」と呼んでいるしつけや、教えはほぼ自己満足の結果で、子ども自身のことをいっさい考えていません。そして、自分の分身であるかのような錯覚を起こし、親の判断で何かを学習させたり、強制的にやらせたりしているのです。それはあなたがそう生きたい道であり、子どもの人生においてそれらはまったく関係ありません。

日本人の場合、特に親は子どもを自分の分身かペットとしてとらえていて、その人格を把握しようとしません。

親を親という役割としてたいせつにするのも一つの日本の文化です。それは認めます。しかし、それが過剰すぎるのです。やはり最低限自分と子どもは別人格であるととらえなければ、この最悪な歴史は繰り返されます。

洗脳とは、「○○しなさい」と強制したり、親の人や物の好き嫌いを押しつけ、言うことを聞かないと虐待したり無視したりするなどの行動パターンを指します。

深い次元までたどっていくと、家族といえどもみな他人であり、魂は家族という戸籍を持つわけではありません。たまたまその家庭に生まれたから家族というグループの中に入るわけで、魂自体が親子関係や血縁関係を結んでいるわけではありません。

子どもという役割があるのと同時に親というものにも役割があります。

子どもが人間として子どもという名前ではなく、子どもという組織、あなたたちにわかりやすくいえば、劇の登場人物、絵本や小説の中の登場人物であるに過ぎません。

親も、子どもという言葉、役割に対して親という言葉があり、その役割を見いだせます。

親というものに何が正しいという正解がないように、親の基準も図ることができません。そして「親として」という言葉は言い訳に過ぎません。

子ども自身の魂に従い行動させること、親の満足のいくように子どもを行動させたい、人形のようにこういう服を着せ、こういう髪形をさせたいというのは洗脳を使ったもっとひどい凶器になります。

犯罪者にさせない教育

ここで一つ例をあげます。

大きな失敗を犯す大人が絶えないように、大きな失敗を起こす子どもも絶えません。

これは失敗を起こすこと自体は神の審判の基準にはならないので、私自身はあまり何とも思わないのですが、よく耳にするのは「子どもを犯罪者にしない方法」があるということです。犯罪を一つの大きな失敗としてとらえ例をあげていますが、まずそんなものはありません。

たとえ本に書いてある通りに犯罪者にしないようにしつけたとしましょう。だからといって犯罪者にならない子どもはいません。そういった要素はすべての肉体を持つ魂に同じ確率で潜んでいます。犯罪だけでなく、この世に起こり得る出来事はすべて同じ確率で人間の前に存在します。その存在している確率を手に取るのか、取らないのかの違いだけです。

一方で、そもそも犯罪者にならない教育ってどんなものですか？

それは子育ての本を書いた人間が、こういう育て方をすれば子どもは犯罪者にならないという個人的な考え方を披露しただけのもので、そこに正解も不正解もありません。

私も批判しているように見えると思いますが、この者の考え方が不正解とはいえません。それは個人の魂の考えですから。

でも、その方法がすべての親に有効であると公言していることが不思議です。一度その方法とやらを使い、現在、物質世界にいるすべての子どもを実験してみたらどうでしょうか？　そうすれば結果は見なくてもわかりますし、私の言っている通りになります。

問題は大きな失敗をしたことではなく、その事柄を選んだ自分がそこから学びとるものは何かを知ることです。これが天界において一番重要な事柄であり、あなたたちの魂が学ぶ過程で必要なことだったのでしょう。もちろん避けようと思えば避けられるはずですが、その道を選んだのは自分自身ですし、そこから立ち直ることができる選択肢も魂の中にはあるのです。

神は犯罪者に罰を与えない

皆さんにとっては酷な話になりますが、犯罪者は天界において、つまり神の前において犯罪者としては見られません。

もし、罪を犯した魂が神の審判により罰せられることがあれば、それは罪を犯すまでの魂の思考に関わっています。

犯罪や他者への嫌がらせなどの迷惑行為をした者に神は特別な罰を与える。この考え方は正しくありません。

正しくは、物質世界の事柄、たとえば犯罪など物質世界で悪とされている行動をしたことなどを鵜呑みにしてそのまま罰を与えるのではなく、必ずその過程が重視され、魂の課題に沿った審判が下されます。

ですから、もっとあなたたちの世界に踏み込んでいえば、親が罪を犯した、子どもが罪を犯したという理由だけで、会社から解雇されたり、子どもをいじめたりするように家族を一単位で見るのはやめてください。

親が犯罪者でも、反対に子どもが犯罪者でも学び抜き、魂を全うする価値があります。その価値まで決めるのはあなたたちではなく神です。

たとえば、それでばらばらになる家族もあれば、反対に家族としてお互いに深い話し合いを持つこともできます。それは部外者である他人が判断することではなく、その中にいる者たちが判断することです。もちろん、それぞれの意見を述べることはかまいません。

物質世界の傾向として犯罪でなくとも大きな失敗をした者は疎まれます。

私はまわりの人間がその者を警戒し、つき合いたいと思わなければこれもまたそれでかまいません。

しかし、学ぶ機会をその者から取り上げるほど、神はあなたに絶大なる権力は持たせていません。

他者の行動に対して意見すること、自分自身の考えを持つことは結構ですが、自分自身が何かを変えてやろう、絶対にのけ者にしてやろうという考え方、また直接他者へ働きかけることはやめてください。

そうした者には、必ず大きな失敗を犯した者と同じように、同じ形かもしくは違う形で、自己の魂の考え方に専念するように仕向けられることとなります。

犯罪が起こる確証がこうだとは言いませんが、物質世界の考え方の行き過ぎが、信念を貫こうとしている人間の精神を狂わせ、さらなる失敗につなげることもあります。

確かに同じ失敗、つまり犯罪のことですが、これを繰り返す可能性があると目を光らせていても、それを理由にして家族に連帯責任を負わせる罰はやめてほしいのです。

個々が魂も含め違う人間だとわかれば、自ずとこれは打破できます。

そして犯罪者自身に対しても、その者がこれから何を考えるのか、そしてその者の犯した罪はあなたたちに何をもたらし、考えさせるきっかけを与えたのかを覚えておいてください。

どのようなことが生じても救いがある

確かに子どもは親を選んで生まれてくる、親が子どもを選ぶなどという意見もありますが、これがすべてではありません。

本当の意味は、あなたたち人間が選び合っているわけではなく、神がどこのグループにこの魂を下ろしたら、この魂に対して一番学びを受けやすいのかで判断しています。

たとえば、私ははっきり意見を言うから、建前を重んじる日本という国ではなく、外国に生まれればよかったと思っている人間がいたとします。こうした場合でも、私は「そうですね」とは言い難いのです。

なぜなら、こうしたなかなか本音を発言できないという環境の中でも、他人にどう思われてもよいから自分の意見を言おうと思ったり、実際に言ったりすることで、意志や信念を貫くことをただ単に学ぶのかもしれないからです。

あるいは、この勇気ある自分の行動を糧にして、これを教訓にして何か新たに学ぶものを見つけるのかもしれないからです。はじめから学びやすい環境は用意されていません。やはり人間は生まれた環境から何かを見つけ、それを利用して生きていかなければいけません。この場合でいえば何のために国境を越えるのか？　そんなに自国が嫌であれば、他国に行くこともできます。

それでもそうしたいと思わないのは、国とは関係なく、自分自身が他人の自分への見解に逆らう勇気がないことが問題ではないでしょうか？　学校で教えられたことがすべての人間に当てはまることもなく、他人から決められた自分の性格、行動パターンを鵜呑みにする必要もありません。

魂は神のものであり、生きていることに感謝するのなら神は最適な人物でしょう。もちろん神はそんなことを望んでいませんが。

一番学びやすいという意味は、成長する過程において良いことだけでなく悪いことも含まれています。そういったことも加味したうえでの話です。課題達成のうえで今の環境など、その過程が最短距離であると言っているのではありません。

ですから、そういった過程を経ることで受けた屈辱や負の感情でさえも自分で打ち破って、神は「この魂は必ず、自己の魂の課題を達成するだろう」ということを見越してその家族というグループに下ろしたのです。

家族が悪い、育った環境が悪いというのもあり得ません。もし家柄などを気にしている方がいたら、それは神からの嫌がらせでも、神があなたの家庭を見放しているわけでもありません。

物質世界において賞賛されないような家庭に生まれたのも、家族構成、家族間の関係でも物質世界では非常に重要とされ、都合良く差別の対象、言い訳の思いつく対象となってしまうのかもしれません。しかし、この仕組みは物質世界では到底考えることも、想像すらできないものです。

どのような方向にあなたたちが転がっても、必ず魂に刻まれた道へと修正するヒントや救いは自分で見つけなければなりません。やり直しがきかないと思うのは、物質世界だけであり、神は失敗を見越したうえでどんな方向に行ってもそれが魂の照らす道であるならば、立ち直り、もう一度学べるチャンスをちりばめているのです。そういった緻密な仕組みを考えたうえで神は一人一人の魂をその場に下ろしているのです。

達成しなければいけない一つの重要な課題を達成するためにこの家庭、この両親、この家族関係でよかったと思えることはあっても、いつでもどんな時でも、この家庭に生まれてよかったと考える必要はなく、そう思わないことが自然です。

子どもを一人の人間として見る

女性の場合は自らの子宮を使い子どもが産まれるので、よけいに自分の一部であるという思いが強いでしょう。また、お腹を痛めて産んだという言葉は子どもに向けた愛情の言葉ではなく、自分勝手な言い分です。こんなに痛い思いをしたのだからこうしてもらいたいなどと、自分の言い分を正当化させ、権力を振りかざすような言葉も洗脳を引き起こさせます。

子どもが産まれる時は、誰しも子宮を貸して産まれてきたと考えることが一番良いと思います。それぐらいの考え方でないとこの話を理解することはできません。

魂が他人であるから育児放棄をしてよいという考え方は間違いです。私が言いたいのは、子どもはあなたたちの一部でなく、小さな人間でもない。大人を基準とした世界でいえば、はじめから大人なのです。

自分の望み通りに育てたり、しきたりなどある家柄でも、それを押しつけてはいけないということです。それと都合の良い時だけ子ども扱いや大人扱いをしないでください。育児方法などもこれが正しいというものはありませんが、少なくとも他者との人間関係と同じように一人の人間として対等に見てあげてください。

魂が違えばその数だけいろいろな人間がいると言ったのは、何も大人だけの話ではありません。子どもに関してもそうです。親がこうした考え方をもって子どもの発した言葉を真摯に受け止め、子ども自身の課題を探ることは不可能でも、子どもがやりたがっていることはさせてあげるべきです。そして嫌がることはやめさせるべきです。

あなたたちの狭い考えでいえば、これはわがままや逃げととらえるでしょうが、子どもの魂にとってまったくの無駄、あるいは避けることのできる事柄を自身が選んでするならいざ知らず、親が判断したり、決断したりすることではありません。

「子どものためを思って」は、すべて自分のエゴだと思ってください。「こうしてあげたほうが絶対に子どものためになる」という考えも、話すこともできない幼い子どもに聞いたわけでもないのに、なぜそんなことがわかるのでしょうか？　それは親であるあなたたち自身の自己満足に過ぎません。

話が脱線しましたが、育児放棄をしてよいということにはつながらないという話です。子どもは自分のためだけに、そこに生まれてきたわけではないということも頭に入れておいてください。これもあなたたちの友人や家族と同様、その人たちから働きかけられる何かがあってそこで人への思いやりや感情などを勉強するのです。

これと同様に、あなたたちに子どもが生まれてすぐ直結する言葉は「父親、母親になった」でしょうが、意味が違います。

母親、父親というのは子どもから見た愛称、ただの呼び名に過ぎないのです。決してあなたが母親、父親という人物になるわけではないのです。根本の魂は変わらずあなた自身なのです。

では何が違うのか、それはそういった役を演じながらしか学べないことがあるからです。これはもちろん、あなたに必要なことだから与えられているのです。

子どもを産まない、子どもができない人間を批判する風潮がありますが、そうではなく、こういった考え方からすると、子どもを産み、母親という登場人物になる機会を与えなくても他に学ぶべき道があるから子どもが必要ないのであって、子どもができないから悪いという考え方はこの際やめてください。

ここでも子どもが必要か、そうでないかを決めるのは他人ではなく、本人の意思、または本人の意思以外のところに原因があると考えるなら、あなた自身の魂において子どもを産むことで学ぶ人生は必要がないからです。

正しい子育てなどない

今までの話で子どもについて説明したいことは言っていますし、皆さんもおわかりだと思います。

しかし、ここでまとめとして整理しておきます。

親の存在、役割は子どもを育てることではありません。神があなたたちを子どもの魂の一生の親であると見込んで、一つのだいじな魂を同じ未熟な人間に託すはずがないでしょう。

正しい子育て方法がないのは、魂が孤立しているからです。

あなたたちがいくら親という面をかぶせられても、同じ人間として、子どもの魂の性質や課題を見破ることは絶対にできません。それもわからないのに、「子育て」ができるわけがないでしょう。

子育てはただご飯を食べさせ成長させることではありません。

子育てとは、子どもの人生をいかに生かすことができるか。その数多くの選択肢を子どもも自身に見つけさせてあげることができるかが正しい子育てです。

自分本位に子どもを育てることは絶対に子育てとは言いませんが、かといって子どものことを考えてあげるふりも、私から見ればよけいなお世話であるとともに、同じく子育てとはいえないのです。

それよりも先ほども言ったように、子どもが話す言葉、興味のありそうな行動に目を向けてください。やりたいと言ったり、何時間も触っている物に対して奪い取ったり、発言を無視したりすることのないようにお願いしたいのです。

けっきょく、正しい子育てはそんなに難しいものではありません。子どもに物質世界では当たり前の出来事を教えておき、何か興味を示したり、何度も同じ発言を繰り返したりした時に、それにまつわるお稽古ごとをさせたり、興味のある物事を直に見せたりするだけでいいのです。それ以上に子どもの魂も、神もあなたに大役を任せているわけでもないですし、大きなことを望んでいるわけでもありません。

子どもの育て方に正しい方法はないのと同様に、あなたたちも母親、父親として正しい姿はありません。物質世界にいる経歴が長ければ長いほど、この世界のことをよく知り、精神世界とは関係ないところで、できることもあるでしょう。たとえばドリルの計算や、料理の仕方など。

しかし、だからといって完璧ではないのです。子どもに弱みを見せ、積極的に子どもからも学ぶようにしなければ、何のために母親、父親という衣を着せてもらっているのか、何のために家庭というグループをつくり上げているのか混乱するでしょう。

どうか、家族構成を精神世界的観点から理解して、決して子どもに対して一つ踏み込んでそれ以上の無理なことを教えようとしないように。もう一度言いますが、あなたたちが優れているのではなく、子どもの前でも未熟な人間に過ぎません。人は弱い者の前では、知ったかぶりをしたり、偉そうな態度を取り、何かにかこつけて教えようとするのは目に余るほどわかっています。

ですが、それを抑えて子どもに対しても謙虚な姿勢で、一つ一つの事柄に立ち向かっていかなければいけません。

競争は良いこと

子どもは大いに他者と競わせること。

最近、増えているのが競わせないで、みな同じにゴールしようというものらしいですね。この本では答えは出さないと言いましたが、これだけはやめたほうが賢明です。

競わせるという点において、親のあなたたちは自分の子どもが一番になったら嬉しい、一番になるように特訓させようなどと考えがちでしょうが、私の見解は違います。「他者と競わなければ、自分が何をすべきかがわからないから困るのです」

物質世界では、子どもの頃のほうがよく他の子どもたちと何かを競ったりしたものだと思います。さらに大人になって働いても、決して競争がないとはいえません。会社なら会社同士で競わなければ勝ち取れないことがあるでしょうし、子どもの頃よりはある意味狭い人間関係において競うことだってあるでしょう。

それはなぜか？

子どもに、より多く競うことが必要なのは、あるいは絶対に競うことをやめてはいけないのは、競わせることで自分は何ができ、何ができないのかを見定めさせるためです。

これは永遠にそうあるべきです。あなたたち大人も同じです。若い時にはいろいろなことをしたと振り返ればそれで終ってしまうように感じますが、残念ながらまだ学んでいる最中であり、死ぬまで時間があります。

あなたたちも子どもたちに見習って、競うことで自分ができないこと、できることをきちんと自覚し、そしてできないことや、頑張ろうと内側から思わないことからは手を引いてください。その場所で真剣に学ぼうとしている魂を持つ人間にとって失礼であり、邪魔だからです。

競うこと、これが最もだいじです。

大人は競わせることの意味を間違えて、一番になれなければ子どもを競わせても意味がないと思うかもしれません。そして、たとえばビリの子どもに対して特訓させるでしょう。でも親のあなたたちがとやかく言うことではなく、子どものその結果に対する意見を尊重するのです。

一番やビリであること自体には何の価値もありません。それぐらいの栄光であれば、肉体の死と同時に消えてしまいます。そうではなく、子ども自身にその結果を基に自分はどうするのかの判断を仰いでほしいのです。

ビリだと言われて親から練習しろと言われるから渋々練習し、次の競争でもビリを取るのです。あなたたちよりも子どもの方が自分のことをよくわかっています。

これは自分には向いていない。この意味が皆さんにわかりますか?

これは逃げや甘えではなく、自分の魂の課題を達成するにあたり、これ以上頑張ることは必要ない。自分はこれができないことなのだと認識します。

認識することで子どもは次にやってみようと思うことを見つけ、そこで成功や失敗を繰り返しながら、何が自分の課題に影響を与えるものなのかを物質世界で探していくのです。

子どもに競い方を選ばせる

親がいちいち言わなくても、たとえビリになった子どもでも、自分がそこから抜け出すためにこれを頑張ることで課題達成に近づけると思えば自分でやり抜きます。

あまり、親だからということで過剰に、すべてはこうなのだ、何事も努力だ、頑張らねばいけないなどと教えようと思わないでください。それはあなたが物質世界をそのように見ている価値観であり、子どもにとっては違うものです。

この世界にはこんなものがあると物事を教えるのは、競っていけることがどれくらいあるのかを子どもに教えるためです。これは残念ながら知らなければ教えることができません。

そのために何であなたを親として神は見込んだのか？　それは、あくまでも物質世界において、子どもに競い方を選ばせることができるヒントをあなたたちが持っているからともいえます。

たとえば特殊な楽器を知らない、もしくはその特殊な楽器を自分の子どもに引き合わせてあげることのできない親のもとに、特殊な楽器により学ぼうとする人間の魂を託すことはできません。

物質世界において、魂がすべて同じ道を歩むわけではないことが、自分を成長させるものを選ぶ過程において非常に役立っています。

たとえばリレーでも、みんなで一緒にゴールをしようということはあり得ません。これを魂に置き換えればよくわかるでしょう。みんなで一緒にゴールするということは、足並み揃えて同じ道を歩くということですよね。

ということは、魂が一緒でなければいけないということになってしまいます。課題ももちろん同じで、その課題達成の過程も一緒、その課題を達成するためのどこに何があるという障害物も一緒、当然ゴールも一緒。

神はなぜ同じ人間を何人も意味なく創り上げるのでしょうか？　みんなでやれば怖くないということですか？

競争は避けて通れない

厳密にいえばみんなで同じ悪いことをしても、それに対する気持ちの向け方は大小もあれば、そもそもそれに対する考え方までまったく違うのです。同じことをやって、協力はできても、みんな一緒ではないのです。

魂同士は決して一つに交わることができないのです。ということは、決して人間は一つになることができません。どんなに他者に愛情を深く持っても、けっきょくは自分として生きていかねばならず、一つの肉体を持って一緒になれることはないのです。

内なる眼では自己のレールを走りなさいと言いました。そこには障害物もたくさんあり、それは自分だけの障害物だとも。

自己のレールを走る前に、同じ時代に生まれた他者、もしくは身内と競ったうえで何が自分にとってしっくりくるレールなのかを決めなければいけません。レールだけ考えればそれはみな違います。しかし、そのレールを引き寄せる過程には、やはり「競争」は避けて通れません。

あなたが本当に子どもの魂を尊重し、一人の人間と考えるのなら、親の愛情としていえることは、いろいろ経験させ、他人の子ども、大人でもかまいませんが対決、競争させて、何が自分（子ども自身）にとってしっくりくる道なのかを子ども自身に認識させてください。

親の価値観を押しつけない

子どものやりたいと言った事柄は、物質世界でどう考えても危険であること以外は、親の意見、価値観と違っても寛容に受け入れてください。

それが子どもを持った意味で、あなたたちの学びにもつながります。

これを無意識に考えられることが、親の価値観の押しつけや洗脳を打破できることにつながります。これはあくまでもヒントであるとともに、あなたたちの思考の手助けでしかありません。行動するのはあなたたち自身であり、打破できる力量が試されます。

子どもの言葉をよく聞き、行動をよく見て、何がこの子どもにたいせつなのか、何に興味があるのかを見極めるという話をしましたが、感情の面でも注意を払ってもらいことがあります。

たとえば気持ちの優しさです。あなたたちの言葉では「要領が悪い子ども」「他者から誤解を受けやすい子ども」のことです。

子どもの中には、生まれてきた時から世間的に見れば、ませている子どももいれば、いわゆる子どもらしい子ども、自分の利益よりも友情や、その他の優しい感情を優先する子どもがいます。こうしたことにもとやかく言うことはやめていただきたいのです。これもあなたたち親自身の価値観が反映されることで、子どもたちが親と一体だと思ってしまう原因にもなります。

まずは、損得感情は置いておいて、たとえ自分を置き去りにし、他者を優先させても、そういったところを「これでは将来生きていけない」と非難するのではなく、尊重する意識を持ってください。これに関しても、それでは世の中を渡っていけないと思っているのはあなた自身であり子どもではありません。

たとえあなたのまわりがそういう正直な感情を傷つけ、ないがしろにし、もてあそぶような人間ばかりでも、子どものまわりにもそういった人間ばかりが集まってくるとは限りません。同じことを繰り返す人生ならば、その人間それぞれの人生があります。そしてそこに集まる人間もまったく違うものです。

極端にいえば、あなたの子どものまわりにいる友達が、親であるあなた自身の友達と言動が似ていた場合、不安が頭をよぎっても、まずは様子を見るだけに留めてください。

これは先ほども言ったように、自分と行動パターンやまわりにつく人間が同じに見えても、その結果までも同じであるとは限らないこと。また、本当に同じであった場合は、これも見えない意図だと思い、救ってあげる方法を一緒に考えてください。

第13章 前世・過去世

前世は現世にどのように働きかけるのか?

スピリチュアルと同時、もしくはそれと相互作用的に働き人気を博しているのが前世・過去世です。しかし、前世・過去世は人気のいかんにかかわらず、当然のこととしてあなたたちの内に存在しています。

そしてここでは、前世・過去世というテーマでそれを知り、今の自分にどう働きかけるのかを教えます。

前世（ここでは過去世も含みます）を見ること、聞くことが人びとの関心を集めているなか、果たしてどこまでを真剣に考え、もしくはそれを伝える者が他人の前世を見る意識はどこにあるのでしょうか?

前世は何の職業に就いていた、どんな生活をしていたのかを単純に知りたいだけで、現在どれだけの人びとが課題を知り、その達成法や「魂の癖」について理解し、学ぼうとしているのか、いささか疑問が残ります。私にこの疑問を抱かせるのは、何もこれだけが原因ではありません。

前世という一つの魂が歩んだ道を、まるで血液型占いのような感覚でパターン化した占い、そういったものを見ると私は大変憤りを感じます。

何よりもあなたたちがバカにされているのです。実感はまったくないかもしれませんが、あなたが試行錯誤し、苦労して生き抜いた人生をバカにされ、ないがしろにされているのですよ。それをもっと深く考えて前世を知ってください。

前世を知るということに対しての意識が薄すぎます。これには一つの理由として、あなたたち自身が興味本位で前世を知ることが原因です。

今から説明するのでよく聞いてください。

魂を基準として前世を見る

どういうことかというと、今の自分はなぜ自分だと言いきれるのか？　そしてなぜ自分というものに対して実感があるのか？　それは単純にいま生きていて、肉体があるから実感できるのです。

魂を基準とし、それを尊重して前世を見なければ、あなたたちは私からいくら前世も自分自身であることに変わりはないと言われても、けっきょくは肉体を持っている他者の話を聞いていることと同じ感覚になり、ただ聞いて楽しむことしかできないのです。

また、脳ではこの前世は思い出すことができないのですから、いくら頭で考え抜いたところで何一つ記憶もありませんし、どういう人間で何を学んだのかも思い出すことができません。

他の章でも述べたことと同じなのですが、神は前世の記憶をなくすことを決めました。なぜだかわかりますか?

前世はしょせん、前世なのです。それ以上でもそれ以下でもなく、一人の人間として生きただけ。それだけのことに過ぎません。

今の自分を現世から過去世にかけてたどっただけでは、見えてくるものは何もありません。

特にあなたたちのように、職業や生活環境や肉体の性質などを気にするようでは、知るほうが無駄といえます。

また前世の事柄がそのまま直接、現世のあなたたちに降りかかるものではなく、魂の課題の達成の面でふと垣間見せるだけのものですので、気づかない人が多いと思います。

前世の記憶とは、感情の面で垣間見えること、もしくは行動においても頭で何も考えないでできてしまうことなどがあげられます。

前世は知らなくてもよい

絶対に前世を知らなければいけない理由はあなたたちになく、魂に刻まれていることを知ろうと思えばよいのです。前世というその時代に生きた人間を知ることと、魂の記憶をたどることは違います。あなた自身の魂自体に刻まれている事柄は、そのままあなたたちを動かす原動力になっています。

自分が何者であり、どういった傾向が強いのか、今の苦悩は打破できるものなのか、それともその一種の魂の癖を利用して物事を学ぶのかは、あなたたちだけが無意識に知っているのです。

ですから、神はあなたたちの見える面での前世の記憶をなくしたのです。それは今のあなたとして人生を歩ませるためです。他のいっさいの記憶の障害をなくし、今に専念することを主としたのです。それはあなたたちにとって良いことでもあります。

人間の場合、魂の記憶ではなく、脳による記憶を増やせば、それだけあなたたちの負担となります。

あらゆる年代を生き抜いた記憶はすべて魂に刻まれています。どう行動したのか、どう解決したのかだけではなく、見えない感情や昔の課題を達成した意図、そして物質世界の事柄から自分が育んだあらゆる感情などが幾重にも層になって複雑化し刻み込まれているのです。

よけいな記憶は、魂が一人の人間の体に二つあることと同じくらい悪いことです。

また、時代は否が応でも刻々と変化しています。その時代に対応するために時代を超えた古い記憶を残しておくことも非常に危険です。

「宿命」「運命」という言葉にとらわれない

ある易者の話では、宿命は変えられないが運命は変えられるとのことでした。

それは本当でしょうか？　さも得意げに私の語り手（著者）に対してこう語りかけましたが、私は甚だ疑問を感じます。

まず、宿命や運命という言葉は、あなたたちの物質世界に生きた先人がつくり出した言葉に過ぎません。それはここで議論するまでもないことです。そう決まったのだから仕方ありません。

どこかの書物でも読みふけったのでしょう。宿命と運命という言葉を信じてしまったようです。

私はこうした言葉にとらわれることは、それぞれができる行動範囲を自分から狭め、また自分の出せるあらゆる力の限界の中でその力を自分で封じ込める、そのことが懸念されます。

また、こうした言葉や見解を信じることに対して仕方がないと思われる理由も一つあり、宿命といわれている事柄は、きっと前世から現世にかけて受け継がれている魂の癖として変えられない事柄のことをいっているのだと思うからです。

これは事柄の意味や働きかけが違うように、もっと厳密にいえば、物質世界に重点を置いて考え抜いた結果です。

私は魂の話はもっと繊細なものであり、むやみやたらに他人と話し合ったりするものではないと思います。

自己の魂は自分がまず認識し、脳で性質を理解することがだいじです。もちろん胸で感じて、それですませることができる人はよいのですが、あなたたちは脳を主体に生きている個体です。脳で理解することは物質世界の行動の幅に直結するので本当に残念ですが、仕方のないことでしょう。

これは、特別にこういった魂の存在を知らなかった者に向けた話ではなく、みな同じです。

確かに、魂自体は変わっていないわけですから、ずっと受け継がれたその魂自身の癖、性質があると思います。そしてこれを打破できないことと判断し、宿命と呼んでいるのだと思います。

しかし、そういったことであれば、魂の癖や性質を用いて物事を判断すればよいだけのことですし、もし脱却したいと思うのであれば、自分であらゆる方法を使い脱却することも可能なのです。宿命といわれる本当に何も変えられないものは、魂以外にないのです。

「肉体年齢」は「魂年齢」とは比較できない

一方で運命は変えられるそうです。

これについて、易者は私の語り手にこう言いました。あなたがその両親のもとに生まれたのは宿命だけど、その両親のもとで二〇歳を過ぎたら自分一人で生きていける。これが運命なのだと。

なぜ二〇歳なのでしょうか？　それは二〇歳が日本にとってある意味、大人と呼ばれる一歩だからだと解釈しています。

何歳でも特に変わりません。それは肉体年齢は魂年齢と比較できないからです。

選択が必要なのです。すべては自分の未来における選択が必要です。失敗した後で、もっと違う道があったと思うのではなく、そこからも新たな道を切りひらかなければいけません。

選択したのはあなた自身であり、見えない何かが自分の人生を動かしたなど考えてほしくありません。「宿命と運命」は言葉として存在しても、易者の見解や解釈は褒められるものではありません。

自分の道を切りひらくこと、そして未来は必ずしも決まっていないことから「運命」などあり得ません。自分が自分の力の及ぶ範囲でどれだけ課題達成に近づけたか、それがだいじであり、言葉は関係ないのです。

ここが私の用いる運命の意味との違いでもあります。

言葉は人間がお互いにコミュニケーションを取りやすいように、人間の思っている事柄を説明しやすいようにつくったものであり、これらが人間を左右することはあり得ません。言葉は言葉。ただそれだけです。

魂から発する行動パターンとは?

人間はあらゆる出来事においてある程度切羽詰まったら、パターン化された行動に出る性質があり、それが人間の魂から発せられる行動パターンです。

たとえば、不倫がやめられない。いつも逃げ腰である、一歩手前であきらめてしまう。一つのところにとどまることができないなど、あげればたくさんありますが、自分の容姿の癖ではなく魂から発せられる行動パターンの癖も注意深く観察すれば、自分自身で理解することができます。そして非常に難解であり、苦労するものですが、これからも自分で解決しようと思えばできるのです。

それを傲慢な態度で「私はこうだから仕方がない」などと思うだけではなく、何か腑に落ちない行動パターンや癖があるのなら、それを探り、どういった方向に進もうとも解決しようとする姿勢がだいじです。それがたとえ、これは直せないものだとわかったとしても、直せないものだとわかるまで、自己へ納得させるための行動をしてほしいのです。

そして直せないなら直せないなりに、その欠点と思われる事柄をどう処理していくのか、これからどうつき合っていくのかを考えるべきではないでしょうか？

欠点を欠点のままとらえるのか、扱いようによっては自分の長所となる要素があるのかを探すのです。

他人に謙虚になることは物質世界ではだいじかもしれません。しかし、自分にも謙虚な態度で臨まなければ、物質世界での行動で融通がきかなくなった時に思わぬ失態を犯します。

他者に興味を持ち、何とかしてあげようと思うよりも、自分の魂だけを見定め、食いつぶし、自己の魂に対して知らないところはないと思うまで、深く掘り下げていかなければいけません。それは、あなたたちの人生の歳月ではまだまだ追いつくことができないほど膨大な情報量であり、目には見えない感情も入っているのです。

前世を知るのはあくまでも一つの手段

前世は今の時代、良くも悪くもその言葉自体が頻繁に使われていて、それに沿って前世こそすべてで、そこに私たちの悩みの種や、思い通りにいかない人生の原因があるという人もいます。

何か不都合なこと、自分にとって理不尽なことがあれば、「昔は○○だったから今がこうである」とか、「これは前世からの因縁である」とか、その他いろいろなことが都合良く、この前世と結びつけられています。

まず一つあなたたちに贈る言葉は、「前世はあらゆる意味で完全なるものではない」ということです。

もちろんこれは当たり前のことです。前世といえども、自己の魂がその体験を経てきただけのもので、その間も学んでいたのです。そしてそこで終わりではなく、今の状態も前世からの延長線上にあります。前世を振り返ったところで、すべてのいま抱えている問題や悩みの解決にはなりません。むしろ、前世からまったく成長してないこともあり得るのです。

では何が重要なのかというと、自分の前世を知り、今と似通った部分、これは感情の共通点や、行動のパターンでもかまいませんが、自分はどういう行動をとり、結果としてどうなったのかを見極めることです。どこどこのお姫様であったとか、お金持ちであったという現在も目に見えるような物質世界の事柄はいっさい関係しません。

問題は職業や人との関係をどうしたかではなく、自分は何をしたのかを知ることが最重要です。同じパターンに歯止めを利かせることが前世を知るための役割の一つであると思います。

事柄自体を単発的に見て重要視しない

それはその人の持ち味の一つであるとともに、欠点でもある場合が多いです。

その欠点を自分で理解し育むのも結構ですが、同じ過ちを繰り返して自分の描く幸福になれないと思うのであれば、その部分が最大限の克服箇所ということになります。

よく、物質世界の一つ一つの事柄を単発的に見ている方が多いようです。たとえば結婚、離婚などのようにそれ自体を単発的に見て、その事柄自体を重要視している人がほとんどです。

結婚して自分が満足のいく幸福をつかめる保証はありますか？　反対に離婚して人生がすべてダメになる保証はどこにあるのでしょうか？

どちらも私から見ればさほど変わりません。

そういったものに一喜一憂し、人生が変わるなどと思っているようでは、浅はか過ぎるのではないでしょうか。

通過儀礼や何らかの行事は物質世界に重点をおいて考えれば、これほど重大なイベントはないでしょう。しかし、何一つとして特別なことはありません。ただの学びの入り口に過ぎないのです。

結婚だけが通過点ではなく、結婚しない道を歩むのも通過点なのです。あなたに起こり得る出来事はすべてあなたの人生の流れの一部分です。

前世の学びはもうすでに終了していることです。そして、あなたは前世の人格のままではないのです。私は、魂の行動パターンは変えられないと言いました。それだけは人間の性格といわれているものと同じように変化することはできないのです。

そしてそのパターンを持った魂が、今度は物質世界のどういった出来事を用いて自分の課題達成のために働きかけるのか、そこが違うだけです。ですから前世から現世へと魂の面ですべてはつながっているのです。

それを考えれば、職業が何であるとか、財政なども過ぎゆく事柄に過ぎず、一つ一つの事柄自体に重要な意味があるのではありません。その事柄が発する働きかけ、影響があなたたちの魂にどう響くか、またはその事柄に個人としてどう働きかけるかが問題なのです。

人間の身に起こる事柄は、その人びとによって形を変えたり、自分の思いによってはつらい、嬉しいなどの感情が湧きおこっても、実際には淡々としています。

ある人の前でさわやかな風が吹いて、ある人のところで嵐が起こることは絶対にあり得ません。みな平等に一定の時間を経て、同じ時が過ぎ去っているだけです。その環境に変化を与えているのはあなたたち自身です。あなたたち自身の感情や、もっと突き進んでいえば未来への思考が、淡々とした物質世界に喜怒哀楽などの感情や、他人から受ける感覚などの色をつけているだけなのです。

先ほど例をあげた結婚、離婚に関しても、一見、何か新しいことを行う、新しい人生を踏み出すと思いがちですが、今まで述べてきているように、決してそうではなく自分の一つの人生の中に何かを学ぶ機会として結婚、離婚が出来事として入ってきただけであり、そのこと自体を重要視して単発的に見てはいけないのです。単発的に見るから、人生の流れを感じることができない方が続出するのです。

あなたたちの大きな課題は、一つの魂に一つしかありません。それが枝分れをしてその大きな課題にいろいろな方向からアプローチをして課題を完成させるのです。

そこを勘違いしないでください。一生涯、物質世界で生きて、物質世界の達人になったとしても、その世界は非常に狭い世界であり、学んでいる事柄も一歩解決へ踏み出せたか踏み出せていないかの微々たるものなのです。

前世を知ったから、もしくは今の自分がこうだから前世はこういう職業に就いて優秀だった、お金持だったと勝手に思うことは楽しいかもしれません。しかし、そういったことは現世にまったく関係していませんので、それらにかまけて今の人生を切りひらくうえでの判断を誤らないようにしてください。

それは前世のあなたがその職業を全うすることにより、自己の課題を達成する何かを見つけ出す手段の一つに過ぎなかったということであり、決してその者の魂が優遇されているということではありません。これは透視能力者にもいえることです。権力を振りかざし、他者の人生を左右できるわけでもないということを知らなければいけません。

そしてあなたたちも安易に受け入れず、自己に問うてみなければ、そして行動しなければ解決は図れないということを知ってください。

大天使ラジエル

終章

大天使アズラエルより

死をもって次の世代を生き抜くのです。
次の世代を持つためにも肉体の死は存在し、肯定しなければいけません。
築き上げた時代の変化に伴い、あなたたちも肉体や脳の変化を遂げます。
前世と現世を切り離すものは死でしかありません。
死により課題を与えられ。
死によりさらなる自己を刻むのです。
死に涙することなく、選び抜かれたことに涙しなさい。
死によりすべてが終わり。
死によりすべてが始まるのです。
すべては誰のためでもなく自分のために生きていることを知り、同じ時代に存在した魂に自分ができるだけ敬意を払う。
目に見えない力を信じ、それにすがっても何も得られることはないことを知る。
それ以上のこともそれ以下のことも、これらを考えることは自己への陰謀である。

甦る生命の樹

大天使ラジエルからの時を超えた伝言

著者紹介

吉田絵梨奈（よしだ　えりな）

北海道出身。22歳の時、母親が車の鍵をなくしたことがきっかけとなり、偶然に天使の声を聞く。その後、大天使、観音菩薩、聖者、さまざまな高次の存在たちから魂や精神世界の話を聞き、必要なところや特定の人へメッセージを伝える活動をしている。現在、「ヤフーオークション」で相談を受けている。

(http://auctions.yahoo.co.jp/　＜大天使ヒーリング／浄化＞　ID：ue5909)。

2011年 6 月20日　第 1 刷

[著者]

吉田絵梨奈

[編集者]

三浦悦子

[発行者]

籠宮良治

[発行所]

太陽出版

東京都文京区本郷4-1-14　〒113-0033

TEL 03(3814)0471　FAX 03(3814)2366

http://www.taiyoshuppan.net/

E-mail info@taiyoshuppan.net

装幀＝今野美佐

[印刷]壮光舎印刷 [製本]井上製本

ISBN978-4-88469-702-0